마쓸레옹 가족의 지구 생존 세계 일주
지구사용설명서 2

막쓰레옹 가족의 지구 생존 세계 일주

지구사용설명서 2

기획 환경교육센터 글 장미정, 김춘이, 염광희
그림 및 스토리텔링 김지민

한솔수북

머리말

막쓸레옹 가족과 함께 지구를 지키는 여행을 떠납시다!

작년 여름도 무척 더웠습니다. 얼마 전에는 필리핀에 몰아닥친 태풍 하이옌으로 많은 사람들이 가족을, 집을, 일터를 잃어버렸습니다. 기후변화로 하루아침에 갈 길을 잃은 사람들이 난민이 되었습니다. 그뿐인가요? 3년 전 일본의 후쿠시마에서 일어난 원전 사고로 수많은 사람들이 고통받고 있고, 죽어 가고 있습니다. 방사능 오염의 공포로 음식을 먹는 일도 두렵습니다. 지구가 이상합니다.

우쿠더스라는 쓰레기 별에서 탈출한 외계인 막쓸레옹 씨를 여러분들에게 소개한 지도 벌써 2년이 지났습니다. 《지구사용설명서》 1권을 읽은 친구들은 막쓸레옹 가족이 자신들이 살던 고향 우쿠더스라는 별이 쓰레기로 가득 차 버려 다른 행성, 지구로 와야만 했던 일을 알고 있지요? 그렇다면 왜 다른 별이 아닌 지구로 왔을까요? 막쓸레옹 가족이 지구를 선택한 이유는 지구에는 아직 희망이 있다고 생각했기 때문이었습니다. 그런데 지구 별이 이상합니다. 하루가 멀다 하고 복잡한 일들이 일어나고 지구 곳곳에서 들려오는 소식들도 심상치 않습니다. 지구가 이상합니다.

사실 막쓸레옹 가족이 처음 지구에 이주해 왔을 때만 해도 《지구사용설명서》를 옆에 끼고 다니면서 열심히 지켰습니다. 이 별에서 쫓겨나지 않기 위해서 말이죠. 그런데 시간이 갈수록 잊어버리기 시작했어요. 왜냐면 지구 별 사람들도 우쿠더스 별 사람들의 생활과 별반 다르지 않았거든요. 처음엔 지구 별도 우쿠더스 별처럼 망할까 봐 겁이 났지만 점점 편리한 생활에 익숙해졌습니다.

몇 달 전 일입니다. 지구의 벗 환경운동연합에서는 생명의 땅 아마존 지역의 원주민들을 초청했습니다. 사람들이 환경에 대해 무심한 동안 지구 반대편에서는 숲이 사라지고 또 다른 친구들이 얼마나 고통받고 있는지 알아야 했거든요. 우리 모두가 함께 지구를 지켜야 하니까요. 아마존 원주민의 추장은 서울 시장과 환경 문

제를 토론하는 자리에서 "개발과 이윤 추구 자체가 틀린 것은 아니지만 그 방법이 옳은지는 생각해 봐야 합니다."라고 말했습니다.

텔레비전으로 토론회를 보던 우쿠더스 인들은 대부분 살짝 겁이 났어요. 지구에서 우쿠더스 인들이 살아가려면 그들도 지구를 함께 지켜야 한다는 사실을 누구보다 더 잘 알기 때문이죠. "자기가 사는 별이 위험하다는 것을 알면서도 아무것도 하지 않는 것만큼 바보 같은 일이 없다."라는 사실을 쓰레기 별 우쿠더스를 떠나게 되면서 이미 충분히 느꼈으니까요.

그런데 이 책의 주인공 막쓸레옹 가족은 어땠을까요? 우쿠더스에서 하던 짓을 지구에서도 반복해 '지구를 망하게 할 올해의 인물 5'에 또다시 선정되고 말았습니다. 이에 우쿠더스 인들은 지구를 살리기 위해 막쓸레옹 가족을 지구에서 내쫓기로 했습니다. 하지만 아무리 잘못해도 한 번의 기회는 주어야겠지요?

우쿠더스 인들은 막쓸레옹 가족에게 지구촌 구석구석을 돌아다니며 지구 환경이 파괴되고 있는 현장을 두 눈으로 볼 것을 명령했습니다. 이제 막쓸레옹 가족은 빙하가 녹고 있는 알래스카에서 코펜하겐의 숲속 유치원까지 지구촌 곳곳을 돌아다니며 지구 환경이 파괴되는 곳부터 지구 환경을 잘 지키는 곳까지 모두 찾아가 봐야 합니다. 그리고 여행하는 동안 마흔네 가지 환경 미션을 수행해야 하는데요, 과연 잘할 수 있을까요? 친구들의 응원이 필요합니다. 모두들 함께해 줄 거죠?

자, 준비되었나요? 막쓸레옹 가족과 함께 떠나는 지구 환경을 지키는 세계 일주, 출발!

2014년 새해를 시작하면서

장미정, 김춘이, 염광희 일동

우쿠더스 인에게 보내는 담화문

지구의 우쿠더스 인들에게 고함

    67년 전 우리 우쿠더스 인들은 쓰레기 더미가 되어 버린 우리의 행성을 떠나 우주를 떠돌았습니다. 그러던 중 우리는 이 아름다운 행성, 지구를 발견했지요. 다행히 친절한 지구인들은 우주 난민이 된 우쿠더스 인들을 받아 주었습니다. 우쿠더스 인들은 유엔으로부터 비밀리에 '지구거주허가서'를 받았습니다. 이 허가서는 지구 환경을 오염시키지 않겠다는 조건 하에서 발행해 준 것이지요. 그래서 우리 우쿠더스 지구이주대책위원회는 《지구사용설명서》를 만들었고 우쿠더스 인이라면 누구나 품에 꼭 지니고 다니며 밤낮을 가리지 않고 줄줄 외우도록 했지요.

    대다수의 우쿠더스 인들은 《지구사용설명서》에 나온 환경 수칙을 잘 지키고 있고, 실제로 헌신적인 환경운동가들 중에 우쿠더스 인들이 많다는 것은 정말 기쁜 일입니다. 여러분들이 잘 알고 있는 환경운동가 제인 ○○ 여사도 자랑스러운 우쿠더스 인들 중 한 분이시지요. 하지만 모든 우쿠더스 인들이 약속을 잘 지킨 것은 아니었습니다.

점점 그 아름다운 약속을 잊어 갔고 우쿠더스에서 저질렀던 못된 행동들이 나오기 시작했습니다. 심지어는 지난해 어느 잡지에서 '지구를 망하게 할 올해의 인물 5'를 발표했는데 그 안에 든 사람들은 모두 우쿠더스 인들이었습니다. 그것도 한 가족이었지요. 이에 국제 연합에서는 본보기로 한 우쿠더스 인 가족의 '지구거주허가'를 취소하기로 했습니다.

　작년에 이어 올해도 '지구를 망하게 할 올해의 인물 5'에 선정된 우쿠더스 인들이 누구냐고요? 여러분도 짐작하셨겠지만 그 이름도 무시무시한, 바로 '막쓸레옹 가족'입니다! 막쓸레옹 가족의 죄는 밉지만, 우쿠더스 지구이주대책위원장으로서 저 로리 쿠기는 책임을 느낄 수밖에 없습니다. 동포인 그들을 우주 미아로 만들 수는 없으니까요.

　저는 그들에게 마지막 기회를 한 번만 줄 것을 유엔에 부탁했습니다. 고맙게도 그들은 저의 염치없는 부탁을 들어주었습니다. 하지만 막쓸레옹 가족이 그 기회를 잡기가 쉽지는 않을 것 같습니다. 험난한 시험이 그들을 기다리고 있으니까요. 막쓸레옹 가족이 그 시험을 통과하고 '지구거주허가서'를 지켜낼 수 있을까요?

　그럼 같이 한번 지켜보시죠. 더 이상 남 일이 아니라 우리 모두의 일이 될 수도 있으니까요. 포마얌 우쿠더스!

지구 이주 67년, 지구력 2014년
우쿠더스 지구이주대책위원회 6대 위원장

로리 쿠기

등장인물 소개

막쓸레옹

직업은 대형 할인 마트 '몽땅다바꿔'의 판매 담당자로 일해요. 어떻게 하면 고객들이 멀쩡한 물건을 버리고 새것을 사게 할까 고민하는 것이 일이랍니다. 취미는 화단 가꾸기와 드라이빙이에요. 정원을 가꾸기 위해 독한 제초제와 살충제를 즐겨 사용하죠. 그리고 기름을 하마같이 먹어 치우는 7인승 자동차를 혼자 타고 드라이브를 즐겨요. 자신은 고독한 남자라나요!

마구쓰나

막쓸레옹 씨의 부인으로 전업 주부인데 자칭 '살림의 여왕'이에요. 집안 구석구석을 빛나게 청소하고 식구들 옷을 눈처럼 하얗게 빨기 위해 독한 합성 세제와 표백제 등을 아낌없이 써요. 매일 아침 식구들의 건강을 위해 생과일 주스도 만들지요. 꼭 캘리포니아산 오렌지, 인도네시아산 망고, 온두라스산 바나나 등 수입 과일로만 만들지요. 수입 과일로 만들어야 제맛이라나요. 취미는 헤어스타일 바꾸기예요. 한 달에 한 번 파마와 염색을 하죠. 그리고 좋은 머릿결을 유지하기 위해 샴푸와 컨디셔너를 아낌없이 펑펑 쓴대요.

머꼬또머꼬

막쓸레옹 씨의 아들로 초록초등학교 1학년이에요. 별명은 '또먹어'예요. 취미는 애완동물 키우기인데, 조금 데리고 놀다가 귀찮아지면 가차 없이 버리지요. 강아지, 고양이, 이구아나, 미얀마산 구렁이, 왕도마뱀, 큰 앵무새, 사막여우, 악어 등등 머꼬또머꼬가 버린 동물만 모아도 동물원 하나는 차릴 수 있다는 소문이 있을 정도랍니다. 특기는 뷔페에 가서 음식 높이 쌓기로, 일명 '머꼬또머꼬 20층 식탁'이 유명하지요. 그 음식점은 막쓸레옹 가족 때문에 망했다고 합니다.

모를레옹

막쓸레옹 씨네 막내아들로 두 살이에요. 아직 아기지만 미래가 불투명해요. 지구를 마구 오염시키는 가족들 때문이지요. 아기지만 지구의 미래에 대한 걱정으로 두 눈에 다크서클이 있어요.

다버리나

막쓸레옹 씨의 맏딸로 초록초등학교 3학년이에요. 별명은 '신상공주', 취미는 새 학용품 모으기. 연필, 샤프, 볼펜, 지우개, 노트 등등 쓰지도 않으면서 예쁘면 무조건 사고 본대요. 특기는 지우개 한 번 쓰고 버리기. 한 번 써서 까매진 지우개는 다시 쓰기 싫다나요. 새로운 물건을 사기 위해 부모님 조르기는 세계 챔피언급이래요. 그리고 존경하는 인물은 패리쓰 힐통(미국 재벌의 딸로 쇼핑과 사치를 즐기며 한 번 입은 옷은 버린다는 소문이 도는 인물)이라나요!

두벨로

막쓸레옹 가족을 태우고 전 세계를 일주할 비행선이에요. 석유나 원자력 에너지를 1그램도 사용하지 않고 오로지 탑승자가 자전거 페달을 돌리는 힘만으로 하늘을 나는, 말 그대로 친환경 비행선이지요.

로리 쿠기

우쿠더스 인 지구이주대책위원회의 6대 위원장이에요. 우쿠더스 인들이 지구 환경을 훼손하지 않기 위해 늘 감시하며 교육시키는 일을 하기 때문에 항상 눈코 뜰 새 없이 바빠요. 지구거주 허가가 취소된 막쓸레옹 가족에게 다시 한 번 기회를 주기 위해 막쓸레옹 가족의 지구 환경을 지키는 세계 일주 여행을 계획해요.

리싸이쿨

로리 쿠기 위원장의 비서로, 막쓸레옹 가족이 세계 일주 여행 중에 해야 하는 미션 수행을 감독하게 되지요. 초능력자로 텔레포트(순간 이동)를 할 수 있어요. 막쓸레옹 가족에게는 안된 일이지만, 늘 자신의 임무에서 한 치의 오차도 허락하지 않는 피도 눈물도 없는 냉정한 우쿠더스 인이랍니다!

머리말 4
우쿠더스 인에게 보내는 담화문 6
등장인물 소개 8
막쓸레옹 가족, 지구를 떠나거라 12
아슬아슬 흥미진진 여행 일정 16

01 빙하	알래스카가 무너진다고?	18
	자전거가 북극곰을 살려 준대요	21
02 녹색 소비	일회용품의 천국	24
	지속 가능한 마을, 토트네스	27
03 도시 환경	버스를 타는 게 어리석다고?	30
	빈 병을 아무데나 버리지 마세요	33
04 멸종 위기 동물	지구에서 사라지는 아름다운 것	36
	장수거북이가 신 나게 노는 섬	39
05 환경호르몬	죽음을 부르는 씨앗, 유전자 변형 생물체	42
	농약을 쓰지 않았더니 국민이 건강해졌어요	45
06 녹색 정치	바나나 공화국은 싸게 판매해도 되는 나라?	48
	볼리비아 대통령은 환경지킴이	51
07 원주민	석유는 대지의 피	54
	돈은 없어도 웃음이 끊이지 않는 마야의 나라	57
08 석유 개발	석유 개발로 아이들이 상처 입는 땅	60
	여기서도 뚝딱, 저기서도 뚝딱뚝딱	63
09 산성비	얼굴을 잃어버린 스핑크스	66
	지구온난화를 막기 위한 국제 사회의 노력	69
10 전쟁	석유를 차지하기 위해 전쟁을 한다고?	72
	세계에서 가장 멋진 생태 주거 단지	75
11 공정무역	축구공의 진짜 값은 얼마?	78
	모두를 행복하게 하는 착한 거래	81

12 난민	기후변화로 난민이 되었대요	84
	제3세계와 희망을 나누는 올림픽	87
13 사막화	황사의 발원지, 파괴되고 있는 초원	90
	초원을 지키는 사람들	93
14 쓰레기	전자 제품 쓰레기 지옥에서 벗어나라	96
	내가 입던 옷 사 갈래?	99
15 생태 복원	개발에 허덕이는 천혜의 땅	102
	국립공원의 천국	105
16 가라앉는 섬	기후변화로 가라앉고 있어요	108
	태양전지를 쓰는 섬사람들	111
17 숲	열대림이 사라지고 있어요	114
	숲으로 돌아와, 아무르 표범!	117
18 빈곤	쓰레기 더미에서 사는 사람들	120
	나무를 심는 사람들	123
19 에너지	원자력 발전소가 지구를 병들게 만들어요	126
	햇볕으로 밥을 짓는다고?	129
20 환경 재난	대한민국 서해안이 흘린 검은 눈물	132
	중금속 오염 땅을 환경 교육의 장으로 만들다	135
21 강	멀쩡한 강을 아프게 만드는 사람들	138
	곧은 물길을 다시 구불구불하게 만들자!	141
22 교육	다버리나와 머꼬또머꼬, 학교로 돌아오다!	144
	코펜하겐 숲 유치원	147
에필로그		150

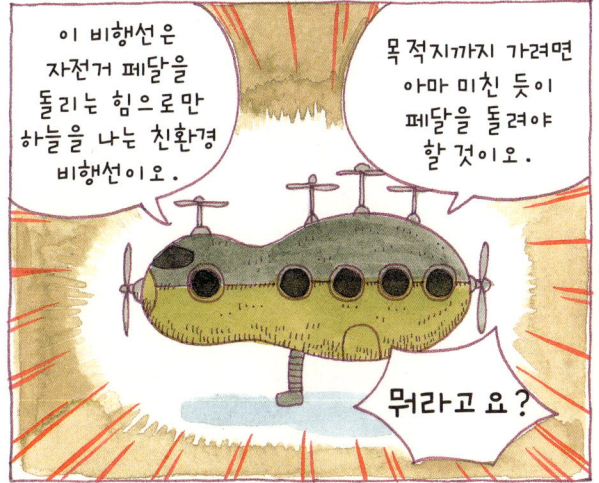

01

빙하

미국
알래스카

알래스카가 무너진다고?

무너지는 빙하에서 아기 북극곰을 구하라

"살려 줘. 더 이상은 도저히 못 돌린다고. 제발!"

한 달 내내 우리 가족은 쉬지 않고 자전거 페달을 밟으며 천신만고 끝에 알래스카에 도착했어. 도대체 우리 가족이 무슨 잘못을 했다고 이런 죽을 고생을 해야 하냐고!

"유빙에 홀로 떨어진 아기 북극곰을 구하는 것이 오늘의 미션이오."

리싸이쿨의 말에 우리 가족은 뭐라고 따질 새도 없이 비행선에서 보트 하나 달랑 메고 바다로 뛰어내려야 했어. 그리고 유빙에 고립된 아기 북극곰을 향해 쉴 새 없이 노를 저어야 했지.

아기 북극곰이 타고 있는 유빙에 가까이 다가간 우리는 재빨리 유빙에 밧줄을 걸었어. 그리고 보트에 동여 메고 어미 북극곰을 향해 열심히 노를 젓기 시작했지. 너무 추워서 빨리 젓지 않으면 눈사람이 돼 버릴 것 같았거든. 갑자기 보트 옆으로 무언가 거대한 물체가 따라오자 머꼬또머꼬가 놀라서 소리를 질러 댔어.

"으악, 괴물이다! 우리에게 다가오고 있어!"

"저건 괴물이 아니라 혹등고래요. 무척 순한 동물이니 신경 쓰지 않아도 될 거요."

순하다곤 하지만 그 크기를 보니 우리는 더 빨리 노를 젓지 않을 수 없었어.

"쿠구궁, 쿠오오!"

갑작스러운 굉음에 우린 또 한 번 놀라 자빠지는 줄 알았지만 리싸이쿨이 우리를 약간 째려보며 말했어.

"호들갑 떨지 마시오. 그건 단순히 빙하가 무너지는 소리요. 수천수만 년을 단단하게 버텨 온 빙하가 이렇게 쉽게 무너지는 소리를 들으니 지구가 따뜻해지고 있다는 것을 똑똑히 알겠군. 이게 다 누구 때문이라고 생각하오?"

우리는 리싸이쿨의 질문을 못 들은 척하고 열심히 구령을 붙이며 노 젓는 시늉을 했지. 한참을 노 저어 가서야 우리는 아기 곰을 무사히 어미 곰에게 데려다줄 수 있었어. 아기 곰과 어미 곰이 만나는 장면에선 기쁘기도 했지만 살짝 미안하기도 했어. 아기 북극곰이 이런 일을 겪게 된 것도 우리에게 책임이 있다고 하니까.

첫 번째 미션을 간신히 성공한 우리는 한숨을 놓을 수 있었지만, 리싸이쿨은 우리를 잠시도 그냥 편하게 내버려 두지 않았어. 다음 날 새벽, 우리 가족은 무거운 몸을 이끌고 알래스카에서 가장 크다는 하딩 빙하의 산책로를 올라가야 했어. 흠, 리싸이쿨은 악마임에 틀림없어!

"엄청난 크기의 이 하딩 빙하가 녹아 내리기 시작한다면 바다의 해수면이 금방

알래스카는 지금!

가장 뛰어난 야생동물 보호 지역인 알래스카가 개발 위기에 몰려 있어요. 부시 전 대통령은 미국 에너지 개발을 위해 이 지역을 개발하려 했지만, 오바마 대통령은 이 지역을 개발하지 않기로 약속했지요. 그러나 또 다른 정부가 들어서면 이 지역이 개발될 수 있는 여지가 많아 미국의 환경 단체들은 고심하고 있어요.

차오르는 것은 시간 문제요."

리싸이쿨은 귀가 따갑게 우리에게 잔소리해 댔어. 알래스카 빙하 숫자는 정확하지 않은데, 과학자들이 이름 붙인 것은 2000여 개. 이 가운데 15개의 빙하만 커지고 있는 반면, 나머지 빙하는 모두 작아지고 있다고 하더군.

리싸이쿨은 빙하를 내려오면서 우리에게 '미래로 가는 북쪽'이라는 알래스카의 표어를 복창하도록 시켰어. 그러곤 내일까지 그 뜻에 대해 생각해 보라고 했어. 하지만 우린 너무 힘들어서 별로 생각하고 싶지 않았지. 빨리 내려가서 햄버거에 콜라를 잔뜩 먹고 쉬고 싶다는 생각밖에는.

기대와 달리 우리를 기다리고 있는 것은 현미밥에 상추쌈이었어. 웩.

1. 여름철에는 에어컨을 약하게 틀고 선풍기와 함께 써요. 겨울철에는 내복을 입고 실내 온도를 낮춰요.
2. 연필, 지우개와 같은 학용품을 아껴 써요. 절약하지 않으면 그만큼 또 많이 만들어야 해요.

자전거가 북극곰을 살려 준대요

01

빙하

독일
프라이부르크

미션 미란다 교수를 찾아 '미래로 가는 북쪽'의 해답을 찾아라

다음 날 새벽, 아직 해도 뜨지 않았는데 리싸이쿨이 우리를 깨웠어.
"다음 목적지는 독일의 환경 수도 프라이부르크요."
우리는 갑자기 잠이 확 달아났어.
"독일? 말도 안 돼. 여기서 독일을 간다고?"
머꼬또머꼬는 울면서 징징거리기 시작했어.
"못 가! 자전거 꼴도 보기 싫어!"
그러자 리싸이쿨이 표정 하나 안 바꾸고 말했어.
"다들 밖으로 나가시오."
아빠는 화들짝 놀라 리싸이쿨 다리에 매달리며 빌었어.
"한 번만 봐주시오. 여기서 나가면 우리는 얼어 죽는다고!"
리싸이쿨은 더 냉정하게 대답했어.
"내 말을 안 듣겠다면 미션 실패로 간주하겠소!"
우리는 눈물을 머금고 비행선에서 내릴 수밖에 없었어. 다들 머꼬또머꼬를 째려보면서 말이야. 그런데 이게 웬일이야. 비행선 밖은 따뜻했고 자전거를 탄 사람들이 거리를 돌아다니고 있었어. 아직 알래스카에 있다고 생각하던 우리는 어리둥절했어.
"앞으로 미션이 성공하면 텔레포트(순간 이동)로 다음 목적지까지 이동할 거요. 실패하면 다음 목적지까지 또 페달을 밟아야 하오. 하지만 실패는 딱 두 번까지만 봐줄 거요. 세 번 이상 실

실패는 단 두 번뿐. 잊지 마시오!

패하면 바로 지구에서 추방된다는 것을 명심하시오!"

어쨌든 텔레포트인지 뭔지 하는 신기한 방법으로 우리는 알래스카에서 독일로 몇 초도 안 걸려 오게 된 것이었지. 이렇게 신통한 방법이 있는데 우리를 그렇게 고생시키다니!

"알래스카의 표어 '미래로 가는 북쪽'에 대해 생각해 보았소?"

당연히 안 했지. 얼마나 피곤했는데.

"오늘의 미션은 이곳 프라이부르크에서 미란다 교수를 찾아 이 표어에 대한 해답을 찾는 거요. 지금이 오전 6시니까 오후 6시까지 해답을 가지고 이 비행선으로 돌아오시오."

우리는 우선 프라이부르크 역에서 자전거를 빌린 다음 미란다 교수를 찾기 시작했어. 프라이부르크 대학부터 시작해 하루 종일 온 도시를 뒤졌지만 미란다 교수를 끝내 만나지 못했어. 리싸이쿨과 약속한 시간이 다 되어 버려 우리는 거의 포기하고 자전거를 타고 다시 비행선 근처 공원으로 돌아왔어.

종일 자전거를 타고 돌아다닌 탓에 너무 피곤했고, 미션 수행도 못해 우리 가족은 완전 울상이었지. 이때 지나가던 할머니가 우리에게 무슨 일이냐고 묻더군. 우리는 알래스카에서 왔고, 그곳의 표어 '미래로 가는 북쪽'에 대한 해답을 찾아야 한다고 말했지.

"해답은 자네들 가까운 데 있어."

할머니는 우리가 하나씩 끼고 있는 자전거를 가리켰어.

"이게 해답이라고요? 이 자전거가요?"

"맞아. 자전거."

우리가 어리둥절한 표정을 짓자 할머니가 웃으며 말하셨지.

"알래스카의 미래는 빙하가 녹는 것을 막는 데 달려 있다오. 빙하가 녹는 것을 막으려면 온실가스를 줄이면 되는데, 온실가스는 어떻게 줄일까? 우리가 무심코 타는 자동차들은 모두 온실가스를 배출하지. 혼자 탈 때는 온실가스 양이 얼마 안 되는 것 같지만, 여럿이 각자 타면 그 양은 어마어마하게 많아진다오. 사람들이 가까운 곳에 갈 때 자동차 대신 자전거를 탄다면 그 양은 많이 줄어들 거요. 이곳 프라이부르크에선 남녀노소 누구나 자전거를 탄다오."

"고맙습니다, 할머니!"

프라이부르크에선 시민들 모두가 환경 전문가였어. 처음부터 미란다 교수를 찾아 온종일 헤맬 필요가 없었다는 거야. 리싸이쿨은 알면서도 우리를 괴롭히려고 아무 말도 안 한 게 분명해. 사악한 리싸이쿨!

프라이부르크는 지금!

독일에서는 초등학교 4학년이 되면 자전거 운전 면허 시험을 본대요. 모든 교통 표지판뿐만 아니라 자전거 부품도 알고 있어야 해요. 이 필기시험에 통과하면 경찰 아저씨와 함께 도로에서 자전거 운전 실기시험을 본대요. 자동차와 함께 다니는 연습을 하는 거예요. 이 시험까지 합격하면 자전거 운전 면허증을 받을 수 있답니다.

지구를 사랑한다면

1. 승용차 대신 자전거를 타요.
2. 샤워 시간을 1분만 줄여 봐요.
3. 우리 집 가전제품은 한 달에 전기를 얼마나 사용하는지 살펴봐요.

02

녹색 소비

미국
로스앤젤레스

일회용품의 천국

미션

하루 동안 일회용품을 쓰지 마라

"꺄아아!"

비행선에서 내리자마자 난 소리 지를 수밖에 없었어. 내가 꿈에도 그리던 스타들의 도시 로스앤젤레스였던 거야. 거기다가 리싸이쿨은 돈을 조금 주면서 오늘 하루는 멋대로 돌아다녀도 된다는 거야. 이게 꿈이야, 생시야? 이런 것을 보면 이번 여행이 나쁜 것만은 아니야.

"대신 하루 종일 일회용품은 절대 쓰면 안 되오."

"일회용품 중 어떤 거요?"

"일단 오늘은 종이나 플라스틱으로 만든 컵, 포크, 스푼, 접시, 비닐봉지를 하나라도 쓰면 미션 실패로 간주하겠소."

"너무 쉽잖아!"

이것저것 구경하다 보니 배가 고파져 우리는 싸고 양이 많은 피자집에 가기로 했어. 돈이 얼마 없어서 일인당 한 조각씩 피자를 시켰는데, 아저씨가 글쎄 한 조각씩 잘라 종이 접시에 담는 것이 아니겠어!

"잠깐!" 아빠가 소리를 꽥 지르자 가게 안에 있던 사람들이 다 깜짝 놀랐지.

우리는 일회용품 아닌 접시는 없냐고 물었지만 아저씨는 냉정한 얼굴로 없다는 거야.

그러고 보니 우리가 좋아하는 햄버거집 버거왕도 갈 수 없었어. 버거왕엔 일회용품이 아닌 것은 없거든. 패스트푸드 가게가 아닌 일반 레스토랑을 가기엔 돈이 턱없이 모자랐어.

"아, 맞다! 미국에는 아주 싸고 큰 ○○마트가 곳곳에 있다고! ○○마트로 가서 뭐라도 사 먹자!"

"당신 정말 똑똑하군요!"

"와!"

○○마트에 도착한 우리는 입이 쩍 벌어졌어. 엄청나게 넓은 데다가 엄청나게 많은 상품이 산처럼 쌓여 있는데, 가격도 무지하게 싼 거야. 하지만 사고 싶은 상품이 죄다 비닐 포장이 되어 있잖아! 이럴 수가! 우리는 어쩔 수 없이 사과, 바나나, 체리 등 과일과 빵 그리고 모를레옹을 위한 우유를 조금 샀어. 계산을 마치자 점원이 비닐봉지에 우리가 산 물건을 담아 주더군. 멍하니 있다가 깜짝 놀란 내가 소리쳤지!

미국은 지금!

연방 정부와 주 정부에서 일회용품을 규제한다는 이야기를 아직도 못 들어 봤어요. 개인주의가 강한 미국 문화에서 연방 정부와 주 정부가 비닐봉지 사용 규제를 선언하면 ○○마트를 비롯한 미국 업체들의 반응과 시민들의 반응이 어떨지 궁금해요.

"잠깐만요! 비닐봉지는 가져가지 않겠어요!"

"손님, 비닐봉지는 무료예요. 부담 갖지 마세요." 점원은 친절하게 대답해 주더군.

우리는 그 점원의 친절을 과감하게 거절했어. 그리고 너무 배고픈 나머지 우리 가족은 마트 앞에 쭈그리고 앉아 과일을 먹었지. 그렇게 앉아 마트에서 나오는 사람들을 구경하고 있었는데, 그 많은 사람 중에 장바구니를 든 사람은 하나도 없었어. 모두들 비닐봉지 여러 개에 물건들을 가득 싣고 나오더라고. 일회용기에 담긴 음식들을 들고 나가는 사람도 많았어.

"미국에서 일회용품을 안 쓰고 하루를 지낸다는 것은 너무 힘든 일이야."

내가 한숨을 쉬자 갑자기 뒤에서 검은 그림자가 나타났어. 리싸이쿨이었어.

"장바구니 든다고 혜택을 주는 것도 아니고 비닐봉지 쓴다고 돈을 더 내는 것도 아니니까 그렇지. 좋은 제도도 필요하지만 기업과 시민이 함께 노력해야 사람들의 생활을 바꿀 수 있단다. 그렇지 않니?"

"드르렁."

우리 가족은 너무 피곤해서 깜빡 조느라 리싸이쿨의 말을 듣지 못했어. 절대 맹세하지만 고의는 아니라고! 하하하!

1. 비닐봉지는 쓰지 않기로 해요. 장 보러 갈 때는 꼭 장바구니를 챙겨 가요.
2. 종이컵 대신 '나만의 컵'을 준비하고, 나무젓가락은 쓰지 말아요.

지속 가능한 마을, 토트네스

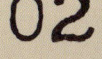

녹색 소비

영국
토트네스 마을

물물교환으로 샴푸를 구하라

내 비명 소리에 우리 가족은 모두 놀라 벌떡 일어났어.
"무슨 일이니? 다버리나야!"
"어제 샴푸랑 컨디셔너, 세숫비누도 다 떨어져서 빨랫비누로 머리를 감았더니 내 머리 좀 봐. 완전 폭탄 머리야. 완전 뻣뻣해. 엉엉."
"정말 뻣뻣하다. 누나 머리 잘라서 빗자루 만들어도 되겠다!"
정말 짜증나는 머꼬또머꼬 녀석, 만약 내 머리카락을 잘라 빗자루를 만든다면 너를 제일 먼저 쓸어 버리겠어. 다음은 리싸이쿨. 마침 리싸이쿨이 왔길래 샴푸랑 비누가 다 떨어졌다고 말했어.
"지금 여기는 영국의 토트네스라는 마을이오. 이곳에서 당신들이 필요한 것을 알아서 구해 오시오. 보통 때처럼 6시까지 돌아오면 되오."
"샴푸 살 돈은요?"
"자신의 물건을 들고 나가서 필요한 것과 바꿔 오는 것이 오늘의 미션이오. 하지만 실패해도 상관없소. 실패로 기록되진 않을 거요. 단지 앞으로 본인들이 샴푸 없이 사는 것을 감수하면 되는 거요."
저렇게 끔찍한 말을 눈 한 번 깜빡하지 않고 하다니! 우리는 각자 여행 가방을 뒤지기 시작했어. 우리는 세계 여행의 부푼 꿈을 안고 짐을 쌌기 때문에 가져온 물건들이 꽤 많았어. 우리는 아빠의 게임기, 엄마의 화려한 옷, 머꼬또머꼬의 사탕과 초콜릿, 내 예쁜 지우개와 노트를 가지고 나왔어.

토트네스는 차도 별로 없고 한가로워 보였어. 마침 조그만 시장이 보여 가 봤지. 시장 구석에 우리는 물건을 꺼내 놓고 손님을 기다렸어. 아주머니 한 분이 엄마의 옷에 관심을 보이더니 돈을 내는데 돈이 이상한 거야.

"이거 가짜 돈 아니에요?" 엄마가 따지자 아주머니가 웃으며 말하더군.

"걱정 마세요. 이건 토트네스에서만 쓸 수 있는 화폐랍니다."

"토트네스에서만 쓰는 화폐라고요? 그런 것을 왜 만들었죠?"

"당신들, 토트네스는 처음이군요? 우리 마을 소개 좀 해 줄까요? 내 이름은 마사 홉킨스예요."

우리 가족의 소개도 끝나자 홉킨스 부인은 토트네스 마을에 대해 이야기를 시작했어.

"예전 우리 마을도 다른 마을과 사실 별다를 것 없었어요. 석유가 없으면 하루도 돌아갈 수 없는 마을이었죠. 그러다가 만약 우리 마을에 석유가 다 떨어지면 무슨 일이 벌어질지 궁금해졌죠. 그때부터 마을 사람들이 함께 모여 토론했어요. 우리는 다른 마을에 의존하지 않고 살아갈 수 있는 방법을 하나하나 찾기 시작했어요.

우선 마을에서 기른 먹거리를 먹고, 태양 에너지와 풍력과 같은 자연 에너지를 찾아내고, 다른 지역까지 차를 타고 가서 일하지 말고 우리 마을에 가게를 차리거나 회사를 만들어 일하기로 했죠. 어떻게 하면 에너지를 줄일 수 있을까 공부도 하고요. 또 우리 마을의 돈이 다른 마을로 나가지 않도록 우리 마을에서만 사용할 수 있는 화폐도 만들었지요.

토트네스는 지금!

전환 마을 프로젝트는 약 8천 명이 사는 작은 마을 토트네스를 지속가능한 마을의 세계적인 모델로 발전시켰습니다. 특히, 석유 고갈 시대를 대비하기 위해 마을의 자생력을 높이는 사업은 지역 주민들의 경제 발전과 삶의 질 향상으로 이어지고 있습니다. 마을의 부(富)가 마을에 머물러야 한다는 아이디어로 2007년 시작한 지역 화폐 운동은 많은 주민과 상점의 관심으로 참여율이 계속해서 올라가고 있습니다.

그랬더니 무슨 일이 벌어진 줄 아세요? 고향을 떠났던 젊은이들이 하나둘씩 우리 마을로 돌아왔어요. 그래서 점점 더 활력 넘치는 마을로 변신하고 있답니다. 석유를 펑펑 쓰던 마을에서 석유 없이도 행복한 마을로 바꾸었다는 뜻으로 우리 마을을 '전환 마을'이라고 부른답니다. 어때요? 우리 마을 멋지지 않나요?"

홉킨스 부인 말대로 토트네스 마을은 작고 소박하지만 활기가 넘쳐흐르는 것 같았어. 그리고 우리는 홉킨스 부인이 알려 준 유기농 가게에서 샴푸와 비누를 살 수 있었어. 폐식용유와 유기농 허브로 만든 샴푸와 비누는 몸에도 좋고 환경도 오염시키지 않는다고 했어. 어쨌든 샴푸를 구할 수 있어서 얼마나 다행인지 몰라, 몰라.

1. 이면지를 모아 재활용 공책을 만들어 봐요.
2. 기름기 있는 그릇을 씻을 때는 화학 성분이 들어간 세제 대신 밀가루나 베이킹파우더를 써요.

03

도시 환경

미국 애틀랜타

버스를 타는 게 어리석다고?

미국 주택가에서 버스 타고 시내의 식당까지 가라

아침에 잠에서 깨어 비행선 창밖을 내다보니 또 다른 도시였어. 대중교통만으로 애틀랜타 시내로 나가는 미션을 성공하면 햄버거를 먹게 해 준다는 말에 그동안 현미밥에 상추쌈만 먹던 우리는 눈이 뒤집혔어. 우리는 리싸이쿨에게 시내로 나가는 버스비만 받고 얼른 비행선에서 내렸어. 발걸음이 그렇게 가벼울 수가 없었지. 등 뒤에서 리싸이쿨이 소리쳤지.

"오후 6시까지 시내의 버거왕에서 기다리고 있겠소. 1분이라도 늦으면 미션 실패요."

우리는 별로 어려울 것이 없다고 생각했어. 그냥 버스 타고 시내로 나가기만 하면 되는 거 아니야? 그렇지. 그냥 버스만 타면 간단한 건데……. 아무리 걸어도 버스 정류장이 없는 거야! 지나가는 사람한테 물어보려고 해도 돌아다니는 사람도 없어. 다들 자동차를 타고 휙휙 지나가는 거야.

마침 산책 중인 이가 있어 버스 정류장이 어디 있는지 물었지. 그 사람은 자기는 한 번도 버스를 탄 적은 없지만 버스 표지판을 본 적은 있다며 우리를 그곳으로 데리고 갔어. 그 사람이 알려 준 조그마한 버스 정류장에는 버스를 기다리는 이는 아무도 없었어.

'그렇지! 리싸이쿨이 우리에게 그렇게 쉬운 미션을 줄 리가 없지!'

미국 애틀랜타 주택가에서 버스 타고 시내의 식당까지 가시오.

그렇게 어렵게 찾은 버스 정류장, 사막의 오아시스가 이처럼 반가울까? 반가움에 버스를 기다리는데 버스가 코빼기도 안 보이는 거야. 화가 난 아빠가 리싸이쿨이 준 버스비를 바닥에 내동댕이쳤는데 미처 잡기도 전에 동전들은 하수구로 쏙 들어가 버리고 말았어.

바로 그때 저기서 버스 한 대가 오는 거야. 이럴 수가! 버스 정류장 찾아 헤맨 지 두 시간 만에 버스를 만났는데 버스비가 없어서 못 타다니! 우리는 너무 기가 막혀 눈물만 흘리고 있는데, 마침 지나가던 차가 멈추더니 무슨 일이냐고 물었어.

"우린 시내에 나가야 하는데, 버스도 없고 버스비도 없어요. 엉엉."

"타시오. 버스비가 있건 없건 여기서 버스를 기다리는 것은 어리석은 짓이오. 내가 시내까지 데려다주겠소."

그 아저씨는 혼자서 10인승 차를 모는 중이라서 우리 가족 모두 편히 타고 시내로 나올 수 있었어. 아빠가 미국은 왜 이렇게 대중교통 수단이 없냐고 물었지.

"땅은 넓고 인구는 그에 비해 적으니 대중교통 시스템을 갖추면 별 이익이 없어서겠지요. 거기다가 자동차 산업이 미국의 핵심 산업이 되면서 자동차 제조업체들이 로비해서 기존에 있던 대중교통 노선마저도 없어지고 있지요."

아저씨는 오후 6시가 되기 3분 전에 우리를 버거왕까지 데려다주었어. 머꼬또머꼬가 햄버거를 먹으면서 리싸이쿨에게 따졌어.

"미국에서 버스를 타는 것은 어리석은 짓이래요."

"대중교통 수단을 설치하면 그곳에서 일할 사람들이 필

미국은 지금!

2010년 오바마 대통령이 위스콘신 주지사에게 고속전철 건설비를 지원했지만, 정작 주지사는 그 비용을 다른 데 쓰려고 시도했대요. 그래서 오바마 대통령이 그 자금을 다시 거둬들인 일이 있었다고 해요. 미국에서도 뉴욕, 워싱턴 같은 큰 도시는 대중교통이 잘 발달되어 있지만 전체로 보면 아주 모자라대요.

요하니, 직업이 생겨나고 시민들은 차를 살 필요가 없으니 돈을 아낄 수 있고 온실가스까지 줄일 수 있어 모두에게 이익일 텐데 과연 어리석은 짓일까? 대중교통 수단이 모자라게 하는 것이 더 어리석은 것이 아닐까?"

"난 하수구에 버스비를 던져 버린 아빠가 더 어리석다고 생각해요."

머꼬또머꼬의 대답에 우리 가족은 얼어붙고 말았지.

"그러면 이번 미션은 실패구나. 나는 분명히 대중교통 수단을 타고 시내까지 나오라고 했을 텐데."

아휴, 어리석은 머꼬또머꼬 녀석!

"다음 목적지는 독일이오! 실패했으니 자전거 페달을 열심히 밟아야 할 거요."

1. 자동차 대신 대중교통을 이용해요.
2. 꼭 자동차를 타야 한다면 되도록 이웃과 함께 타세요.
3. 여행 갈 때도 자동차보다는 대중교통 수단을 이용해요.

빈 병을 아무데나 버리지 마세요

03

도시 환경

독일
함부르크

 길거리에 돌아다니는 빈 병을 주워 버스비를 충당하라

"으아아아악!"

너무 힘들어서 더 이상 페달을 밟기 힘들어 자전거에서 굴러떨어졌을 때 리싸이쿨이 말했어.

"독일 함부르크에 도착했소. 여기서 빈 병을 주워 판 돈으로 대중교통 수단을 타고 비행선으로 돌아오는 것이 미션이오. 보통 때와 같이 오후 6시까지 돌아와야 하오."

우리 가족은 후들거리는 다리를 부여잡고 비행선에서 내렸어. 그리고 눈에 불을 켜고 빈 병을 찾아 거리를 헤매기 시작했어. 그런데 이럴 수가! 개똥도 약에 쓰려면 없다더니 그 흔한 맥주병 하나 보이지 않는 거야.

"함부르크에서는 병이라는 것을 아예 쓰지 않는 것이 아닐까?"

엄마가 걱정스러운 얼굴로 말하자 아빠가 화가 나서 맞장구쳤어.

"리싸이쿨 녀석, 우리 가족을 지구에서 쫓아내려고 이런 비겁한 수를 쓰다니!"

"아빠 엄마, 저기 보세요!"

바로 그때 머꼬또머꼬가 공원을 가리켰어.

한 가족이 소풍을 즐기고 있었는데 테이블

독일은 지금!

재활용의 나라 독일에서도 빈 병 재활용 제도의 정착을 위해 여러 차례의 시행착오를 겪었답니다. 예전에는 소비자가 구입한 곳에서만 공병 반납이 가능했기 때문에, 빈 병 반납이 쉽지 않았습니다. 이런 불편을 없애기 위해 2006년 5월 1일부터는 어느 가게에서든 공병 반납이 가능하도록 법을 바꾸었답니다. 독일의 강력한 빈 병 회수 정책 덕분에 재활용률은 계속 증가하고 있습니다. 독일인들이 즐겨 마시는 맥주의 경우, 1990년대에는 80퍼센트였던 맥주병의 재활용 비율이 지난 2009년에는 88.5퍼센트까지 늘어났어요.

엔 여러 가지 음식과 음료수병이 가득했어.

우리는 그 가족이 병을 버리고 가면 잽싸게 주우려고 잔뜩 긴장한 채로 기다리고 있었어. 우리가 너무 뚫어지게 쳐다보자 그 가족은 빨리 떠날 준비를 하더군. 그런데 빈 병들을 다시 모두 싸 가지고 가는 거야.

"잠깐만요!" 아빠가 다급해서 소리쳤지.

"왜 병을 버리고 가지 않는 거죠?"

독일인 아주머니는 처음에는 당황한 듯하더니 이내 아주 상냥하게 대답해 줬어.

"왜냐면 아주 비싸거든요. 뚜껑 달린 유리병은 0.15유로(우리 돈으로 200원 정도), 플라스틱 물병값은 0.25유로예요. 병에 들어 있는 물값이 0.19유로 정도니까 물값보다 플라스틱 병값이 더 비싼 셈이죠. 그러니 함부르크에서는 절대 빈 병을 함부로 버리거나 깨트리지 않아요."

"아, 그래서 거리에 빈 병이 하나도 보이지 않았군."

아빠가 혼자 중얼거리는 소리를 듣고 독일 아주머니가 말했어.

"사실 병값이 비싸다고 해서 처음부터 모든 사람들이 재활용 운동에 참여한 것은 아니에요. 가게 주인아저씨에게 가져다주고 일일이 계산해서 되돌려 받는 것은 귀찮잖아요. 그래서 개발된 것이 빈 병 재활용 기계죠."

"빈 병 재활용 기계?"

"그래요. 우리 지금 빈 병 재활용 기계에 병 바꾸

> 우리는 여기서 기다리다가 저 가족이 버리고 간 병들을 줍기만 하면 된다고요.

> 머꼬또머꼬가 간만에 똑똑한 소리를 다 하는구나!

러 갈 건데, 같이 가서 구경할래요?"

우리는 그 가족을 따라나섰어. 그 가족은 한 가게의 앞에 설치된 빈 병 재활용 기계에 자신들이 가져온 병을 집어넣었어. 그러자 기계가 자동으로 병에 붙어 있는 바코드를 읽은 뒤 병 값을 계산해 영수증을 내주더군. 이 영수증을 계산대에 가져가니 빈 병 값을 돌려주는 거야. 정말 신통한 기계지 뭐야. 재활용 기계의 신통함에 놀람도 잠시 우린 시무룩한 표정일 수밖에 없었지.

함부르크 사람들이 모두 이렇다면 우리가 빈 병을 주워 버스비를 마련한다는 것은 불가능하거든. 우리의 표정을 보고는 아주머니가 무슨 일이냐고 물었고, 우리는 자초지종을 이야기할 수밖에 없었어. 그러자 아주머니께서 자기들이 병을 바꾼 돈을 우리에게 주면서 이렇게 말하셨어.

"한 가지만 약속해 주세요. 앞으론 절대 병을 함부로 버리거나 깨트리지 않고 재활용하겠다고요."

우리는 너무 기뻐서 크게 대답했어.

"고맙습니다! 약속은 꼭 지킬게요."

1. 유리병을 재활용하도록 가게에 가져다주세요.
2. 플라스틱 병이나 알루미늄 캔 등은 꼭 분리수거해요.

04

멸종 위기 동물

미국
뉴욕

지구에서 사라지는 아름다운 것

햄버거가 동식물의 멸종을 불러오는 이유를 찾아라

"지금 가장 먹고 싶은 음식은?"
리싸이쿨이 물었어. 우리 가족은 일 초의 망설임도 없이 대답했지.
"햄버거!"
"당신들이 이번 여행을 떠나기 전 일주일에 햄버거를 먹었던 횟수는?"
"매일!"

"매일 당신들이 먹은 햄버거가 동식물의 멸종을 불러온다는 사실을 알고 있소?"

도대체 이게 무슨 소리야? 햄버거가 괴물로 변신해 동식물을 먹어 치우기라도 한다는 말인가?

"바로 이것에 대한 이유를 찾는 것이 오늘의 미션이오."

우리는 정말 어리둥절했어. 그동안 많은 미션을 받았지만 이번처럼 황당무계한 미션은 없었거든. 일단 우리는 뉴욕 시 한복판에 있는 햄버거집을 찾아가 햄버거를 먹는 사람들에게 무작정 물어보기로 했어.

"혹시 여기 햄버거를 먹고 계신 분 중에 햄버거가 동식물의 멸종을 불러온다는 사실을 알고 계신 분 없나요?"

36

햄버거를 먹던 사람들은 우리를 멍하니 쳐다봤어. 분명 우리를 미쳤다고 생각했을 거야. 바로 그때 머꼬또머꼬가 바로 끼어들었어.

"혹시 햄버거 남기실 분은 없나요?"

우리는 너무 창피해서 머꼬또머꼬를 끌고 얼른 햄버거집을 나와 버렸어. 사람들은 우리를 미친 거지쯤으로 생각했을 거야. 우리는 말로 물어보는 것이 창피해 손팻말을 만들기로 했어.

'햄버거가 동식물의 멸종을 불러오는 이유를 알고 있나요?'

이렇게 손팻말을 쓰고 뉴욕 시내를 계속 돌아다니다가 우리는 다리가 너무 아파 센트럴파크의 벤치에 앉아서 쉬고 있었어.

"이번 미션은 엉터리야. 햄버거가 무슨 괴물이라도 되냐고? 우리를 지구에서 쫓아내려는 리싸이쿨의 계략이 틀림없어!"

"여보, 우리 이번에 실패하면 이제 기회는 한 번밖에 안 남아요. 우리 어떡하죠? 엉엉!"

우리가 울고 있는데 한 남자가 다가왔어.

"당신들은 환경운동가들이군요. 저도 같이 동참하면 안 될까요?"

우리는 어리둥절해서 물었어.

"뭘 같이 하고 싶다는 거죠?"

"지금 손팻말을 들고 햄버거 적게 먹기 운동 하시는 거 아닌가요? 고기를 많이 먹으면 환경에 안 좋은 영향을 미치잖아요."

"그러면 아저씨는 햄버거가 동식물의 멸종을 불러오는 이유를 아시나요?"

미국은 지금!

미국인 존 로빈스는 열대우림 지대에서 사육한 쇠고기로 패스트푸드 햄버거 하나를 만들 때마다 20종 이상의 식물, 100종의 곤충, 10여 종의 조류와 포유류, 파충류가 사라진다고 자신의 책 《음식혁명》에서 이야기했습니다. 만약 인도네시아 사람들이 미국 사람들처럼 햄버거를 먹으면, 햄버거용 고기를 만들기 위해 1조 1331억 제곱미터에 달하는 열대우림을 없애야 하는데, 이때 걸리는 시간은 겨우 3년 반이라고 합니다.

 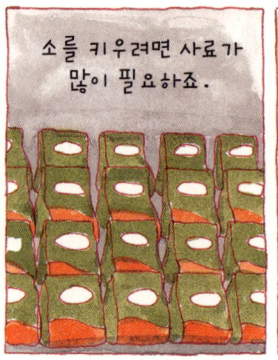 

"당연하죠. 쇠고기가 든 햄버거를 많이 먹으려면 우선 소를 많이 키워야 해요. 소를 키우려면 큰 농장도 필요하고 사료도 많이 필요해요. 그러려면 농장을 만들고 소가 먹을 옥수수 등을 많이 기르려면 숲을 많이 없애야 해요. 숲을 없애면 그 안에 살던 많은 생명들은 살 곳을 잃어요. 그러니 당연히 햄버거가 많은 동식물의 멸종을 가져오는 셈이지요."

아저씨의 이야기를 듣고 나니 거대한 햄버거 괴물이 밀림을 짓밟고 그 안에 살고 있는 많은 동물들을 마구잡이로 잡아먹는 장면이 떠올랐어.

아빠는 아저씨가 말한 사실을 이미 다 알고 있었다는 듯이 시치미를 뗐어.

"잘 아시는군요. 환경에 관심이 많은 분을 만나 정말 기뻐요. 우리 손팻말을 들고 시내를 한 바퀴 돌아볼까요?"

"네, 좋아요!"

우리는 다 함께 시내를 돌며 햄버거 적게 먹기 캠페인을 벌였어. 원래부터 환경 운동가였던 것처럼 말이야. 하하!

지구를 사랑한다면

1. 햄이나 소시지를 비롯해 고기 먹는 횟수를 줄이고 채소를 즐겨 먹어요.
2. 패스트푸드는 되도록 피해요.

장수거북이가 신 나게 노는 섬

04

멸종 위기 동물

트리니다드 토바고 마투라 해변

> 미션: 바다로 돌아가는 아기 거북이들을 지켜라

다음 날 우리가 간 곳은 열대 지방의 아름다운 해변이었어.

"여기는 트리니다드 토바고의 마투라 해변이오. 오늘의 미션은 장수거북이 알을 지키는 거요."

리싸이쿨이 떠나자 이 마을의 순찰대장 요크 씨가 왜 우리가 거북이 알을 지켜야 하는지 설명해 주었어. 장수거북이는 산란 장소에서 먹이를 찾아 4800킬로미터나 옮겨 다니는데, 바로 이 해변이 알을 낳으러 오는 장소라는 말씀이야.

조금 있으니 해가 지고 사방이 금방 어두워졌어.

"장수거북이가 조금 있으면 해변으로 올라오니 밝으면 안 돼요. 그래서 주변 건물의 조명도 모두 밝기를 낮추고 있어요. 저기 봐요. 거북이들이 올라오고 있어요."

요크 씨가 조심스럽게 랜턴을 켜니까 열 마리가 넘는 장수거북이가 나타났어. 1.2미터가 넘는 크기에 족히 250킬로그램이 넘어 보이는 그들은 양 지느러미로 모래를 탁! 탁! 탁! 파고 1미터 남짓의 구멍을 열심히 만들더니 흰 알을 숭덩숭덩 낳기 시작했어. 80개쯤 되는 알을 낳고는 모래로 알을 덮고 단단히 다진 후에 다시 느릿느릿 몸을 돌려 엉금엉금 바다로 기어갔어. 장수거북이를 본 것만으로도 신기한데 알까지 낳는 모습을 보니 정말 입이 다물어지지 않더라고. 우리가 감탄사를 연발하자 요크 씨가 말했어.

"사실 이 알들도, 또 이 알들이 깨어나 아기 거북이가 되어도 생명을 이어 가기가 쉽지 않아요. 거북이 알과 거북이가 건강식품으로 알려져 알을 훔쳐 시장에서 팔고 사는 사람들이 많아요. 개 또한 거북이 알을 많이 훼손하고 있죠. 그래서 마을 사람들은 오늘 밤처럼 이렇게 돌아가며 순찰을 서는 거고요."

"아, 그래서 거북이 알을 지켜야 하는군요."

"사실 저도 예전에는 거북이 알을 팔아 생계를 유지했지만 요즘은 거북이를 통한 생태 관광을 통해 생활해요. 알을 팔아서 생긴 수입보다 거북이를 보호해 생긴 수입이 훨씬 많거든요. 거북이도 보호되니 누이 좋고 매부 좋은 셈이지요."

우리 말고도 몇몇 관광객들이 거북이가 알을 낳는 장면을 조심스럽게 구경하고 있었어. 그런데 관광객이 너무 많으면 거북이들이 스트레스를 받지 않을까?

"걱정 말아요. 마을에서 정한 거북이 생태 관광에는 세 가지 규칙이 있어요. 첫

째, 마을 주민들이 직접 관광 안내를 할 것. 둘째, 거북이가 알을 낳으러 오는 시기에는 마을의 불을 최대한 끌 것. 셋째, 관광객 수를 제한할 것이지요."

"요크 아저씨, 저기 봐요!"

머꼬또머꼬가 가리킨 곳을 보니 큰 개 두 마리가 모래를 파헤치고 있었어. 우리는 바로 달려가 개들을 쫓아냈어. 아빠의 개 짖는 흉내는 정말 일품이었지.

"사실 이렇게 알을 훔치는 개와 사람 들도 문제지만, 바다에서는 비닐봉지나 그물이 문제지요. 해파리를 주로 먹는 장수거북이가 비닐봉지를 삼키고 질식해 죽는 일도 많아요."

밤새도록 거북이 알을 지키는 미션을 수행하느라 눈이 새빨개지도록 피곤했지만, 우리가 수많은 어린 생명을 구했다고 생각하니 정말 뿌듯했고, 다음번에는 부화한 아기 거북이들을 보러 꼭 다시 오고 싶다는 생각이 들었어.

마투라 해변은 지금!

평화로운 해변인 이곳은 매해 장수거북이가 3월부터 8월까지 방문합니다. 마을 사람들이 직접 이루어지고 생태 관광이 잘 이루어지고 있는데, 장수거북이를 지키기 위한 마을 사람들의 노력으로 장수거북이의 산란 과정을 볼 수가 있습니다.

1. 꽃잎 하나, 곤충 한 마리도 소중히 아끼며 돌보세요.
2. 동식물이 숨 쉬며 살아가는 자연을 깨끗이 보호해 주세요.

05 환경호르몬

멕시코 산후안 익스텐코

죽음을 부르는 씨앗, 유전자 변형 생물체

유전자 변형 생물체의 유해성을 조사하라

"우아, 햄버거다! 햄버거! 감자튀김까지!"

아침에 일어나니 식탁에 햄버거와 감자튀김, 콜라에 우리가 좋아하는 과자들이 잔뜩 차려져 있었어. 그런데 막상 무슨 꿍꿍이가 있을 것 같아 손을 못 대고 있는데 리싸이쿨이 들어왔어.

"왜 안 먹는 거요? 가장 좋아하는 음식들이 아니었소?"

"흥! 지난번에 배웠듯이 이 음식들을 먹으면 동식물의 멸종을 가져온다고요!"

"맞소. 하지만 더 나쁜 점이 또 하나 있소. 이 음식들은 유전자가 변형되어 길러진 옥수수로 만든 음식들이오. 지금 우리는 옥수수를 주식으로 먹는 나라 멕시코에 와 있소. 멕시코는 미국에서 수입된 유전자 변형 옥수수 때문에 골치를 앓고 있소."

"그런데 유전자 변형 생물체가 뭐예요?"

"바로 이 유전자 변형 생물체의 뜻과 유해성에 대해 알아 오는 것이 오늘의 미션이오."

우리가 내린 곳은 멕시코의 산후안 익스텐코라는 곳으로 유전자 조작 작물에 반대하는 멕시코 전통 토종 옥수수 축제가 열리고 있었어. 이 축제에서는 유명한 멕시코 전통 음식 토르티야부터 시작해 여러 가지 옥수수로 만든 음식들을 맛볼 수 있었어.

토르티야는 한국에서도 먹어 봤지만 멕시코에서 직접 먹으

니 정말 맛있었어.

이곳에서 옥수수 농사를 짓고 있는 살바도르 씨에게 유전자 변형 생물체에 대해 물어봤어.

"흔히 GMO라고 부르는 유전자 변형 생물체란 유전자 변형, 유전자 조작, 유전자 재조합 작물을 뜻해요. 많은 사람들이 유전자 변형 생물체를 멘델의 유전 법칙에 의한 잡종강세를 이용한 품종 개량 비슷한 것쯤으로 아는데, 전혀 다른 개념이에요. 서로 다른 옥수수들의 혈통을 섞어 우수한 새 품종을 만드는 것이 품종 개량이라면, 옥수수 유전자와 곤충이나 박테리아, 심지어는 동물의 유전자를 재조합해 새로운 돌연변이를 만드는 것이죠."

"그러면 왜 그런 돌연변이를 만드는 거지요?"

"살충 성분을 가진 돌연변이 옥수수는 특정 해충에 강해집니다. 그래서 유전자 변형 생물체 씨앗을 수출하는 거대 다국적기업은 농약이 필요 없다고 주장하지요. 하지만 인체에 대한 안전성은 아직 증명되지 않고 있어요."

"그러면 유전자 변형 생물체의 다른 문제점은 무엇이 있을까요?"

"유전자 변형 작물이 우리의 토종 작물들을

멕시코는 지금!

멕시코는 세계 5대 생물 다양성 보유국으로 분류될 정도로 생물 자원이 풍부한 나라입니다. 그러나 생물 자원의 보호와 관리가 미흡해 환경 피해 2위라는 불명예를 안기도 했습니다. 지난 1994년에는 미국, 캐나다, 멕시코 3개국 사이에 북미자유무역협정(NAFTA)이 체결된 후 미국과 캐나다의 농산물 도입이 급증하면서 멕시코 농업이 위축되었습니다. 최근에는 국제 곡물 가격의 상승과 식량 수급의 불안정으로 국내 농산물 생산의 중요성이 높아지면서 자국의 고유 브랜드 가치가 높은 곡물 생산을 확대해 가고 있습니다.

오염시키고 있어요. 많은 멕시코 토종 옥수수들이 유전자 전이로 오염되었지요. 거기에다 거대 다국적기업이 식량 지배권을 가지는 문제점도 있지요. 그래서 우리가 이런 토종 옥수수 축제를 열어 유전자 변형 생물체의 위험성을 알리고 토종 옥수수 지키기 운동을 하는 거랍니다."

"그러면 나라에서 이런 유전자 변형 옥수수 수입을 안 하면 되지 않나요?"

"사실 유전자 변형 생물체 작물의 수입을 금지할 법적 근거가 멕시코에는 아직 없는 상태입니다."

"그러면 어떻게 해야 이 죽음의 작물로부터 우리를 지킬 수 있는 거죠?"

"슈퍼마켓에 가면 반드시 'Non-GMO'라고 쓰인 제품을 고르세요. 그리고 햄버거나 콜라, 과자와 같은 음식들은 대부분 유전자 변형 옥수수로 만들어졌다고 보시면 됩니다. 그것을 가급적 먹지 않는 것이 건강에 좋겠지요."

살바도르 씨의 이야기를 받아 적으면서 그동안 우리 식구가 먹은 햄버거, 콜라, 과자 들을 세 보았어. 당연히 너무 많아서 그 수를 헤아리는 것은 불가능했어. 옛말에 '아는 것이 병이다'는 말이 있는데, 앞으로는 '모르면 병 걸린다'로 바꿔야 할 것 같아. 우리 가족이 유전자 변형 생물체에 대해 잘 알고 있었다면 그렇게 많이 먹지는 않았을 거라고 생각해. 앞으로 'Non-GMO'가 붙지 않은 식품들은 모두 퇴출이라고, 퇴출!

1. 유전자 변형 농산물이 들어간 음식은 피하세요.
2. 인공 향과 색소가 들어간 식품, 화학조미료를 넣은 인스턴트 식품은 피하세요.

농약을 쓰지 않았더니 국민이 건강해졌어요

05

환경호르몬

쿠바 하바나

 미션 | 유기농장에서 잡초 뽑기로 번 돈으로 부족한 식량을 보충하라

"삐삐삐삐 삐삐삐삐 삐삐삐삐."

오늘도 어김없이 새벽 6시에 알람이 울리기 시작했어. 너무 피곤했지만 모든 준비를 마치고 6시 20분까지 식탁에 앉지 않으면 아침을 먹을 수 없기 때문에 우리는 번개처럼 움직였지.

오늘도 간신히 시간에 맞춰 아침 식탁에 앉았는데 접시에 토스트 한 조각과 물 한 잔이 전부였어. 시원찮은 식단에 아빠는 불같이 화를 냈지만 리싸이쿨은 눈썹하나 까딱하지 않았어. 자기는 매일의 정확한 식단을 계획하고 준비해 식량을 비행선에 실었는데 그게 죄다 없어졌다는 거야. 범인은 누구라 할 것도 없이 바로 머꼬또머꼬. 머꼬또머꼬는 자기가 안 그랬다고 말했지만 우리 가족들은 아무도 그 말을 믿지 않았어.

"오늘의 미션은 하바나의 유기농장에서 일해서 번 돈으로 부족한 식량을 보충하

는 거요."

우리는 찍소리도 못하고 토스트 한 조각으로 배를 채우고 비행선에서 내렸어. 하여간 머꼬또머꼬 녀석은 도움이 안 된다니까.

우리가 간 곳은 하바나 교외에 있는 알라마라는 유기농장이었어. 정부에서 땅과 보조금을 지급받아 시작한 이 농장은 쿠바 도시 유기농의 본산이래. 여기서 일하는 농부 일리아 씨는 우리를 친절히 맞아 주며 오늘 우리가 할 일을 알려 주었어.

"오늘 할 일은 토마토와 양배추 등 채소밭의 잡초 뽑기입니다."

뜨거운 뙤약볕에서 잡초 뽑기는 쉬운 일은 아니었어. 머꼬또머꼬는 잡초가 아닌 채소를 뽑아서 혼나기도 했지. 이때 엄마가 일리아 씨에게 물었어.

"왜 이렇게 힘들게 잡초를 뽑지요? 그냥 농약 쓰면 편하지 않나요?"

"우리 쿠바는 공산주의 국가로 미국과는 교류하지 않아 소련과 교류하고 있었는데, 1990년 소련의 해체로 물자 공급이 끊겼지요. 그중 가장 큰 타격은 살충제, 비료, 석유 공급이 끊긴 거였어요. 그런데 이 어려움이 오히려 쿠바의 유기농업을 살리는 기회가 되었죠. 그리고 비료와 살충제가 없어져 오히려 국민이 건강해지고 땅이 건강해졌지요."

이 농장은 160명의 유기농 협동조합 회원으로 운영되는데, 함께 일하고, 일하는 동안 새참과 식사가 제공되며 일하는 시간도 정해져 있대. 그리고 농장에서 생산되는 먹거리는 인근 학교와 관공서로 배달되고, 매일 일정한 시간대에 서는 시장이 농부들의 수입원이래. 그리고 놀라운 점은 농부의 월급이 의사보다 더 많다는

쿠바는 지금!

미국과 쿠바는 정치적 입장의 차이로 교류하지는 않지만 미국의 시민단체들과 쿠바의 유기농조합은 많은 연대 활동을 하고 있었습니다. 캘리포니아에 위치한 GLOBAL EXCHANGE와 FOOD FIRST라는 단체가 주로 쿠바의 농업을 미국에 알리는 역할을 하고 있답니다.

거야!

마침 새참 시간에 일리아 씨의 남편이 의사여서 물어보았지.

"맞아요. 제 월급이 남편보다 많답니다."

"우아, 우리 아빠도 여기서 농부가 되면 좋겠다!"

하지만 아빠는 아무런 대꾸도 없이 하늘을 쳐다보며 옥수수만 드셨지.

새참 시간이 끝나고 우리는 오후 네 시까지 또 열심히 잡초를 뽑았지. 우리는 너무 힘들어서 계속 투덜거리고 있는데, 드디어 일리아 씨가 일이 끝났다며 농장에서 열리는 시장에 가자고 하더군. 농장에서 재배한 뒤 바로 시장에 나온 채소와 과일은 정말 싱싱해 보였어. 일리아 씨는 약속한 대로 우리 가족이 하루 종일 일한 만큼 채소와 과일을 잔뜩 싸 주었어.

"감사합니다! 하나도 남기지 않고 깨끗하게 먹어 치울게요!"

머꼬또머꼬가 소리치자 일리아 씨는 꽃처럼 환한 미소로 답해 주었어. 비행선으로 돌아온 우리 가족은 받아 온 채소로 다 같이 저녁을 먹었는데, 그렇게 맛있을 수가 없었어.

지구를 사랑한다면

1. 텃밭에서 기르거나 현재 사는 고장에서 자란 식품을 주로 먹어요.
2. 수입산보다는 사는 곳 가까이에서 나오는 먹거리를 먹어요.
3. 50킬로그램 정도의 음식물 쓰레기를 사흘 안에 없애는 지렁이로 음식물 쓰레기를 처리해요.

06

녹색 정치

온두라스
바나나 농장

바나나 공화국은 싸게 판매해도 되는 나라?

바나나 농장에서 받은 일당을 환경운동 단체에 기부하라

다 왔다는 리싸이쿨의 말에 창밖을 내다보니 녹색의 열대 식물로 가득한 농장이 끝도 없이 펼쳐져 있었어. 가까이 가 보니 그것은 바나나 나무였어.

"오늘은 이 농장에서 오후 5시까지 일할 거요. 그리고 오늘 받은 일당은 온두라스의 환경운동 단체 '지구의 벗, 온두라스'에 기부될 것이오."

리싸이쿨은 말이 끝나자 우리에게 방독면을 하나씩 나누어 주었어.

"오늘은 내가 모를레옹을 돌봐 줄 테니 맡기고 가시오."

우리는 영문도 모르고 모를레옹을 남겨 둔 채 방독면을 들고 농장 일꾼을 따라 바나나 농장 안으로 들어갔어. 어제 쿠바 농장에서 농사일을 해 본 우리는 곧장 잡초를 뽑는 일부터 시작했어. 그러자 한 일꾼이 우리에게 그럴 필요 없다면서 드럼통에 가득 담긴 액체를 뿌리라고 하더군.

"이건 제초제요. 이걸 듬뿍듬뿍 남김없이 뿌리는 것이 오늘 당신들의 일이오."

냄새가 아주 고약하고 독한 냄새가 코를 찔렀기 때문에 우리는 방독면을 써야만 했어. 가뜩이나 날도 더운데 말이야.

"한증막이 따로 없군."

우리와 달리 이곳 사람들은 마스크도 쓰지 않고 장갑도 끼지 않고 일을 하는 거야. 갑자기 제초제를 뿌리

다 말고 아빠가 엄마에게 말했어.

"여보, 나 이제 수입 과일 주스 안 먹어!"

"알았어요. 설마 내가 이럴 줄 알았냐고요!"

방독면을 쓰고 열 시간을 일한 우리는 뻗기 일보 직전이었어. 그런데 더 기절초풍할 일이 뭔지 알아? 그건 우리의 일당이 형편없다는 거였어. 우리와 같이 일했던 소년 파블로는 온 가족이 그것만으로 먹고산대. 이게 말이 된다고 생각해? 내가 흥분하자 환경운동가 후안 박사님이 말했어.

"이해가 잘 안 가지요? 온두라스는 바나나, 담배, 광산이 유명한데 이 플랜테이션(대형 농장)의 주주들은 모두 외국인으로, 이 농장에서 나오는 이득은 모두 군사 정부나 외국으로 흘러 들어갑니다. 여기서 일하는 국민들은 쥐꼬리만큼 돈을 받으니 모두 가난할 수밖에 없지요.

사실 가난보다 환경오염으로 인한 주민들의 건강이 더 문제예요. 농장에 쓰이는 농약과 제초제, 광산 개발로 인한 상하수와 토지 오염으로 주민들은 각종 병을 앓고 있어요."

엄마가 흥분해서 말했어.

"도대체 온두라스 정부는 고통받는 주민들을 위해 무슨 일을 하고 있는 거죠?"

"현재 온두라스의 정치적 상황은 다른 나라보다 불안한 편입니다. 이런 불안한 정치가 국가 자원 유출, 경제적 불안, 환경 파괴 등을 가져오고 지역 주민의 건강을 해치는 악순환이 계속되

우리 이 돈으로 먹고 살아야 해요.

온두라스는 지금!

온두라스 기자들의 생명이 정부에 의해 위협당하고 있습니다. 2011년 12월 정부의 마약 부패 문제를 기사로 썼던 기자가 정부에 의해 죽음에 이르렀고, 2012년 3월 11일에도 역시 다른 한 명의 기자가 목숨을 잃었기 때문입니다. 결국 2년 동안 총 19명의 기자가 정부에 의해 목숨을 잃었지요. 지속되는 기자들의 살해에 '국경 없는 기자단'이라는 단체가 온두라스 정부에 즉각 19명의 기자 살해 사건에 대한 진상 조사와 '기자 죽이기'를 즉각 중단할 것을 요청했습니다. 결국 불안한 정치가 시민의 생명을 위협하고 있음을 확인할 수 있는데 하루빨리 시민의 권리가 회복되는 온두라스가 된다면 좋겠습니다.

고 있어요."

"그러면 민주주의와 환경을 동시에 생각하는 대통령이 나타나기를 바라는 수밖에 없겠네요."

내가 이렇게 말하자 후안 박사님은 내 머리를 쓰다듬으며 말씀하셨어.

"맞아! 꾸준한 환경운동으로 시민들의 의식이 향상되면 친환경 대통령이 당선되는 날이 꼭 오리라고 믿고 있단다."

이때 엄마가 우리가 받은 일당을 후안 박사님에게 건네며 말씀하셨어.

"저도 반드시 그런 날이 오리라고 믿어요. 작은 돈이나마 온두라스의 미래를 위해 기부할게요. 받아 주세요."

"감사합니다. 온두라스가 '싸게 판매해도 되는 나라'가 아닌 '보존해야 할 나라'로 인식되기 위해 노력하겠습니다."

후안 박사님은 눈을 반짝이며 말했고, 엄마는 감동해서 눈물까지 글썽였어.

지구를 사랑한다면

1. 환경 문제로 고통받는 가난한 나라를 위해 기부하세요.
2. 1992년 지구 정상 회의에서 연설했던 열두 살 어린이 세반 스즈키처럼 환경 문제에 늘 관심을 갖고 지켜보세요.

볼리비아 대통령은 환경지킴이

06.

녹색 정치

볼리비아
티티카카 호

미션 마리오의 친환경 학생회장 선거를 도와줘라

"삥봉!"
"어, 민지한테 문자 왔다!"
미션을 끝내고 돌아오니 같은 반 친구 민지에게서 문자가 왔어. 그런데 이럴 수가! 내 얼굴이 새파랗게 질리자 엄마가 물었어.
"다버리나야, 무슨 일이니?"
"내가 없으니까 우리 반에서 반장을 다시 뽑았대. 내가 반장되려고 애들한테 햄버거랑 지우개를 얼마나 많이 돌렸는데, 억울해. 엉엉."
"지금 지구에서 쫓겨나게 생긴 마당에 반장이 다 무슨 소용이야. 잠이나 자!"
아빠가 소리쳤고 나는 울다 잠들었지. 다음 날 아침 일어나 보니 내 예쁜 눈이 퉁퉁 부어서 세상의 반밖에 안 보이지 뭐야. 반밖에 안 보이는 리싸이쿨은 우리를 어떤 학교로 데리고 갔어.
"오늘 미션은 볼리비아의 초등학생 마리오의 친환경 학생회장 선거를 돕는 일이오."
마리오는 검고 긴 속눈썹을 가진 잘생긴 남학생이었어. 앞으로 이런 미션만 있다면 얼마나 좋을까! 마리오는 아이마라 족이라는 원주민 출신이래. 마리오는 학생회장 선거를 준비하면서 에너지를 쓰지 않고 효과적으로 할 수 있는 방법을 찾고 있었어. 난 마리오

가 왜 이런 생각을 하게 됐는지 궁금했어.

"내가 가장 존경하는 사람은 우리나라 대통령, 이보 모랄레스야. 그분은 나와 같은 아이마라 족 출신인데 볼리비아에서 원주민 출신이 대통령이 된 것은 처음이야. 하지만 더 존경할 만한 점은 그분이 세계 어느 나라의 대통령보다 환경 보호에 앞장선다는 거야."

"그래? 어떻게 하고 있는데?"

사실 별로 궁금하진 않았지만 마리오와 오래 말하고 싶어서 물어봤지.

"그분은 가스, 석유 등 국민에게 필요한 기업을 나라가 소유하게 했고 석유와 가스 개발로 인한 이익을 원주민에게로 다시 나누어 주었어. 그동안 우리 같은 원주민들이 부의 재분배 과정에서 소외되고 있었거든."

"그렇구나. 너희는 좋겠다. 그런 대통령이 있어서."

"실망스러운 점도 있었어. 2011년에 아마존 정글에 있는 '이시보로 자연 보호 구역'을 통과하는 300킬로미터나 되는 고속도로를 건설하려 했고 1000명의 원주민들이 그에 반발했지. 원주민의 반발이 점점 거세지자 대통령은 결국 고속도로 건설 중단을 선언했어. 정말 잘한 결정이라고 생각해."

어쩜 얼굴도 잘생긴 데다가 이렇게 똑똑하기까지 한지! 우리는 마리오의 뜻대로 친환경 학생회장 선거 아이디어를 냈어. 우선 마리오의 공약은 학교에서 채소를 키워 급식에 활용하고, 버려지는 음식물 쓰레기로 닭과 토끼, 돼지를

볼리비아는 지금!

이보 모랄레스 대통령은 2009년 볼리비아 코차밤바에서 전 세계 비정부기구, 노동조합, 농민, 여성, 원주민, 청소년 등이 함께한 '전 세계 기후변화 시민회의'를 열었어요. 온 세계가 겪는 기후변화 위기 앞에서 부자 나라 정부 대표단 대신 시민의 힘으로 기후변화를 막아 내자며 '피해자들이 참여하는 회의'를 개최하기에 이르렀지요. 그는 이 회의로 기후변화 위기를 겪은 20억 지구 시민들이 기후변화 방지를 위한 행동이 얼마나 절박한지를 국제 사회에 알리고 싶어 했어요.

키우고, 이면지를 이용해 노트를 만들고, 서로 안 쓰는 물건을 바꿔 쓰는 벼룩시장을 일주일에 한 번씩 학교에서 열자는 거였지.

우리는 이런 마리오의 선거 공약을 종이가 아닌 이메일로 친구들에게 보내고, 이메일이 없는 아이들에겐 일일이 찾아가 우리의 공약을 설명하거나 이면지에 선거 공약들을 인쇄해 나누어 주었지. 그렇게 열심히 선거운동을 하는 마리오를 보니 미래의 친환경 대통령도 문제없겠더라고. 난 잠시 영부인이 되어 있는 내 모습을 상상하며 미소 짓기도 했지.

"누나 뭐해! 리싸이쿨이 시간 다 됐다고 빨리 돌아오래!"

"안녕, 마리오! 다음에 다시 꼭 만나! 흑!"

미래의 볼리비아 대통령의 영부인이 되기 위해서라도 나는 이 미션을 꼭 성공해서 지구에 남아야 된다고! 아자, 아자! 힘내자!

지구를 사랑한다면

1. 우리 집으로 배달되는 청구서는 이메일로 받아요.
2. 친구들끼리 벼룩시장을 열어 안 쓰는 물건들을 서로 선물하세요.

07

원주민

콜롬비아
코바리아

석유는 대지의 피

우와 족이 '석유는 대지의 피'라고 말하는 이유를 찾아라

'흠, 이 좋은 향기는 뭐지?'

우리 가족이 잠에서 깨어 식탁으로 가니 리싸이쿨이 커피를 마시고 있었어.

"여기는 커피로 유명한 콜롬비아요. 커피 말고도 석유, 석탄, 에메랄드도 유명한데, 석유 개발로 인한 원주민과의 갈등이 심한 나라요. 오늘의 미션은 우와 족 원주민을 만나 석유를 대지의 피라고 말하는 이유를 알아 오는 것이오."

비행선에서 내린 우리는 우와 족을 찾아갔어. 무섭게 생기지 않았을까 걱정했는데 한국인들과 비슷하게 생겨서 친근한 느낌이 들었어. 지나가는 꼬마를 불러 아빠가 물었어.

"얘야. 혹시 '석유는 대지의 피'라는 말 들어 봤니?"

"예. 그건 베리토 아저씨에게 물어보세요. 베리토 아저씨네 집에 데려다줄까요?"

"그래, 그게 좋겠구나. 어서 가자!"

베리토 씨는 우리를 친절하게 맞아 주었어. 그는 우와 족의 땅에서 벌어지는 석유 개발 저항 운동으로 1998년 골드만 환경상을 수상했대. 머꼬또머꼬가 물었어.

"아저씨, '석유는 대지의 피'가 무슨 뜻이에요?"

"우리에게 대지는 어머니입니다. 그리고 숨 쉬는 생명체고요. 사람의 몸속에 동맥과 정맥을 통해 피가 흐르듯이 대지에는 석유가 피처럼 흐릅니다. 우리는 피가 없으면 사람들이 죽음에 이르듯이 대지의 피가 개발되어 밖으로 나오게 되면 대지가 황폐해져 죽음의 땅이 된다고 믿습니다.

석유가 개발된 후 오염되고 황폐해진 땅이 실제로 그런 사실을 증명하고 있지요. 우리에겐 석유 개발로 인한 풍요로운 경제 성장보다 생명이 그대로 숨 쉬는 석유가 흐르는 땅 그 자체가 더 중요하답니다."

"자자…… 잠깐만요. 다 못 적었어요. 다시 한 번 말해 주시겠어요?"

아빠가 다급하게 말하자 베리토 아저씨가 웃으며 말했어.

"제 말을 적는 것은 아무 소용이 없답니다. 대지의 생명력을 가슴으로 느껴야 해요. 저를 따라 오시죠."

아저씨를 따라 뒷문으로 나가니까 울창한 숲이 우거져 있더라고. 우리는 마음을 비우고 자연의 소리를 들어 보라는 베리토 씨 말대로 그냥 숲 사이에 멍하니 서 있었어. 자연이 무슨 말을 하는 것 같지는 않았지만, 그동안 미션 때문에 쌓였던 스트레스들이 모두 사라지는 신기한 느낌이 들었어.

"자연의 소리에 귀 기울이는 것이 우리가 자연과 같이 공존할 수 있는

콜롬비아는 지금!

우와 족 땅에서 석유를 개발하던 다국적기업은 떠났지만, 대신에 콜롬비아의 국영 석유 회사가 개발을 대신하고 있답니다. 국영 기업의 진출에 반대하는 반정부 게릴라들과 지키려는 군대가 서로 충돌하고 있는 가운데, 우와 족은 언론 홍보와 법적 투쟁으로 평화적으로 숲을 지키고 있답니다.

"잠시 아무 생각 말고 자연의 노래를 들어 보세요."

유일한 길입니다."
대지에 자란 숲의 다양한 식물을 보니
'석유는 대지의 피'라는 베리토 아저씨의 말씀이
이해되었어. 그리고 아저씨는 우리가
보고서를 쓰는 일을 도와주셨어.
덕분에 우리는 이번 미션도
무사히 통과할 수 있었어.
아! 정말 친절한 베리토 아저씨!

지구를 사랑한다면

1. 석유를 쓸데없이 더 쓰게 하는 필요 없는 물건을 사지 말아요.
2. 우리 조상들이 자연과 환경을 돌보기 위해 어떤 지혜를 펼쳤는지 살펴봐요.

돈은 없어도 웃음이 끊이지 않는 마야의 나라

07
원주민
과테말라 안티과

미션 마야 원주민 전통 생활 방식으로 하루를 보내라

"오늘의 미션은 과테말라의 원주민인 마야 인들의 전통 방식대로 하루를 지내는 거요. 우선 마야 원주민 알바라도 씨네 집안일을 도와주시오. 지금부터 24시간 후에 데리러 오겠소. 만약 알바라도 씨에게 민폐를 끼치면 미션 실패로 간주하겠소."

비행선에서 내려서 보니 산 아래에 움푹 들어간 도시를 건설한 모양이나 산 귀퉁이에 마을이며 촌락을 이루어 사는 모습이 정말 한국의 농촌과 비슷하더라고. 거리에는 마야 인들이 울긋불긋한 전통 옷을 입고 물건을 팔고 있었는데, 알바라도 씨도 그들 사이에서 마야의 전통 목각 인형을 만들어 관광객에게 파는 일을 하고 있었어. 알바라도 씨는 우리를 반갑게 맞아 주었고 자기 집으로 초대해 가족을 소개해 주었어.

알바라도 씨의 부인은 병으로 죽고 아이만 넷이었는데, 첫째 마리아는 나와 동갑이고, 둘째 후안은 머꼬또머꼬 또래고, 셋째는 다섯 살, 막내는 아직 두 살밖에 되지 않은 아기였어. 우리 가족은 알바라도 씨가 일하는 동안 집안일을 나누어 하기로 했는데 무슨 일을 해야 할지 몰라 아이들에게 물어봤어. 둘째 후안은 아빠와 머꼬또머꼬에게 같이 나무를 하러 가자고 했어.

"나무는 왜? 크리스마스 트리 만들게?"

"이곳은 전기나 가스가 여의치 않기 때문에 모든 에너지를 산에서 구해 오는 나무에 의지하고 있어요. 나무를 때서 난방도 하고 밥도 해 먹고 목욕물도 데워요."

아빠와 머꼬또머꼬가 후안을 따라 나서자 첫째 마리아가 말했어.

"다버리나야, 빨래하러 가지 않을래?"

"빨래? 빨래는 세탁기가 하는 거 아니야?"

"이곳엔 전기도 부족하고 세탁기도 없어. 모든 빨래는 우리가 직접 손으로 해."

나는 마리아를 따라 개울가로 빨래를 하러 갔는데, 개울가에는 벌써 우리 같은 여자아이들이 옹기종기 모여 빨래를 하고 있었어. 손빨래는 처음 해 봤는데 무지 힘들었어. 그런데 친구들과 웃고 떠들며 하다 보니 그렇게 힘들게만 느껴지지는 않고 오히려 재미있다는 생각도 들었어. 엄마는 우리들을 위해 음식을 준비하셨는데 너무 힘든 일을 하고 먹어서 그런지 밥맛이 꿀맛이었어.

저녁이 되자 무지 깜깜했는데 전기가 부족해 촛불을 켠다고 했어. 촛불을 켰지만 바로 코앞밖에 보이지 않았고 너무 어두워서 그런지 우리는 잠이 꾸벅꾸벅 왔어. 그 와중에도 마리아는 책을 읽고 글자 공부를 했어.

다음 날 아침, 알바라도 씨는 시내 구경을 시켜 주겠다며 우리를 데리고 나갔어. 과테말라는 치킨버스로 유명한데 그 버스를 타고 이곳저곳 구경했지.

마야 원주민들의 생활은 불편하지만 사람들이 참 좋고 마야의 문화가 아름답다는 생각이 들었어. 그런데 이상한 점은 이곳에 사는 백인들은 원주민들과 달리 전기가 들어오는 크고 넓은 집에서 세탁기나 텔레비전과 같은 가전제품을 갖추고 잘살고 있더라고. 이건 뭔가 굉장히 불평등하다는 생각이 들었어.

우리는 엘살바도르와 국경을 마주하고 있는 데까지 갔는데 양쪽 나라의 분위기는 사뭇 달랐어. 과테말라는 마야 인들의 울긋불긋한 전통 옷차림으로 매우 밝은 분위기였고, 과거에 원주민을 모두 죽여 원주민의 문화가 남아 있지 않은 엘살바도르는 어쩐지 삭막한 느낌이 들었어. 그때 아빠가 말했어.

"우리 우쿠더스도 참 아름다운 별이었는데……."

맞아! 아빠 말대로 우쿠더스도 참 아름다운 행성이었지만, 이젠 갈 수 없어. 그때 우리 뒤에서 누군가 말했어.

"그게 다 누구 때문이지?"

리싸이쿨이었어. 그러면 그렇지. 간만에 향수에 젖어 있는데 분위기를 깨다니.

"명심하시오. 이 지구에도 다시는 못 올 수 있다는 사실을!"

꺄악! 잔인한 리싸이쿨, 미워!

과테말라는 지금!

과테말라 정부는 2012년 5월 16일 (마야 달력으로 2012년 12월 21일)을 '마야 문명과 함께하는 인류의 새로운 새벽'의 날로 정하고 전 세계인을 초청했어요. 마야 원주민의 전통 달력과 지식에 따르면 이 날은 400년 역사의 결정판으로 인류 문명의 생명력을 재구성하기 위해 대지가 열리는 날이라고 합니다. 이와 더불어 과테말라 정부는 2014년 12월에 수도인 과테말라 시티에서 '세계 원주민 회의'를 개최한다고도 발표했네요.

리싸이쿨, 너무해요!

지구에서도 쫓겨날 수 있소.

지구를 사랑한다면

1. 외식은 줄이고 대신 집에서 음식을 만들어 먹어요.
2. 제철에 나는 과일과 채소를 먹어요.

08

석유 개발

나이지리아
니제르 삼각주

석유 개발로 아이들이 상처 입는 땅

미션 오고니 족 마을의 석유 개발 반대 캠페인에 참여하라

비행선을 가득 채운 매캐한 냄새 때문에 우리는 보통 때보다 일찍 일어날 수밖에 없었어. 무슨 일인가 싶어 밖을 내려다보니 불기둥이 여기저기서 타오르고 있었어. 놀란 머꼬또머꼬가 호들갑을 떨자 리싸이쿨이 나타났어. 무슨 일이 일어난 거냐고 묻자 그가 말했어.

"저건 가스를 태우면서 나오는 불기둥이오. 이곳은 나이지리아 니제르 삼각주의 오고니 부족 마을이오. 이곳은 석유 개발로 인한 환경오염으로 고통받고 있소. 오늘의 미션은 이곳의 현실을 취재해 우쿠더스 사람들이 가장 많이 보는 포털 사이트 '우쿠더스 피플'에 실상을 올려서 알게 하는 것이오."

비행선에서 내리자 고약한 석유 냄새가 코를 찔렀어. 마을 사람들 집 앞 바로 앞으로 파이프라인이 지나가고 있었는데, 곳곳에서 터져 나온 석유로 여기저기 웅덩이를 이루고 있었어. 이런 곳에서 아이들은 파이프라인에 올라타고 맨발로 놀고 있었지. 우리가 사진을 찍고 비디오를 찍자 오고니 족 마을 사람들이 나와서 무슨 일이냐고 묻더군. 우리가 온 이유를 말하자 마을 사람들은 오고니 족의 이야기를 들려주었어.

"1950년대부터 이곳에 석유를 개발해 주겠다며 외국 기업들이 몰려들어 왔어요. 그 석유 회사들이 우리 주민들에게 도로와 학교를 지어 주고 부자로 만들어 주겠다고 하니 주민들은 열렬히 환영했지요.

그런데 60년이 지난 지금 주민들은 석유 개발을 반대하고 있어요. 석유 개발로 인한 환경오염의 피해 때문이죠.

외국 기업들은 석유를 캘 때 나오는 침전물을 그냥 버려 오고니 족의 땅과 물은 오염되었어요. 가스를 태울 때 나오는 유해 물질은 호흡 장애를 일으키는데, 특히 호흡기가 약한 어린아이들을 많이 아프게 하고 있어요. 거기다 마실 만한 물도 부족하고, 주민들의 주요 먹거리인 물고기들도 모두 죽어 갔어요."

"그러면 부자로 만들어 주겠다던 약속은 어떻게 되었죠?"

"석유 개발로 인해 나라는 부자가 되었지만 우리 주민들은 여전히 가난을 면치

나이지리아는 지금!

2011년 11월 니제르 삼각주 지역에 기름이 유출되어 엄청난 환경 재앙이 발생했어요. 이 사태로 그나마 삼각주 지역에 살고 있던 동물들은 퍼덕거리며 죽어 갔고, 수질은 더할 수 없이 나빠졌지요. 기름을 유출한 기업은 4만 배럴 이하의 양이 유출되었다고 발표했지만, 나이지리아의 기름 유출 조사 위원회는 4만 배럴의 세 배인 12만 배럴이 유출되었다고 공식 발표했지요. 이에 원주민들은 하루빨리 과거처럼 평화롭게 살 수 있게 해 달라는 행진을 하기도 했어요.

석유를 캐내고 나면……,

사람들은 병에 걸리고,

자연은 파괴되어 갑니다.

못하고 있어요. 우리 부족은 석유가 개발되기 전보다 더 힘든 생활을 하고 있어요. 우리들 집 앞을 지나는 이 석유 파이프는 언제 터질지 몰라요."

비행선으로 돌아온 우리는 왠지 마음이 무거웠어. 우리가 이번 여행을 떠나기 전에 펑펑 썼던 석유가 이렇게 많은 사람들에게 고통을 주면서 개발된다는 것을 잘 몰랐거든. 우리가 입고 먹고 타고 다니는 모든 것들이 석유 없이는 힘드니까 말이야.

머꼬또머꼬 말대로 오고니 마을은 석유 회사와의 전쟁터였어. 우리는 찍어 온 사진과 오고니 족의 인터뷰 동영상을 '우쿠더스 피플'에 올렸어. 정말 많은 우쿠더스 사람들이 이 총성 없는 전쟁에 관심을 가지고 오고니 족을 도와줄 방법을 찾았으면 좋겠다는 생각이 들었어. 아빠도 이 미션 여행에 성공해 집으로 돌아가게 된다면 7인승 큰 차를 작은 차로 바꾸겠다고 약속했어.

1. 불필요하게 낭비되는 전기를 막기 위해 안 쓰는 플러그를 뽑아요.
2. 필요 없는 포장은 하지 말고, 과대 포장이 된 제품도 사지 말아요.

여기서도 뚝딱, 저기서도 뚝딱뚝딱

08

석유 개발

독일
베를린

에너지가 펑펑 새는 뮐러 부인의 집을 수리하라

목욕을 하던 아빠가 물이 차갑다며 비명을 질렀어. 오늘은 우리 가족이 한 달에 한 번 목욕하는 날이야. 뜨거운 물도 자전거 페달을 돌린 에너지로 데우기 때문에 한 사람이 목욕하는 동안 나머지 가족은 다리가 거의 안 보일 정도로 페달을 돌려야 해. 아빠가 목욕을 끝내자 나머지 가족은 거의 실신 지경이었는데, 우리는 너무 땀을 흘려서 더운 나머지 찬물로 목욕을 해도 괜찮을 정도였어.

목욕을 마치고 머리를 말리고 있는데 리싸이쿨이 얄밉게 쏘아붙이더군.

"그동안 목욕물에 얼마나 많은 양의 에너지를 낭비했는지 뼈저리게 느꼈을 거요. 전 세계 사람들이 매일 샤워 시간을 5분만 줄여도 온실가스를 많이 줄일 수 있소."

"맞아요. 아빠가 샤워 시간을 줄여야 우리 가족이 산다고요!"

나는 너무 지쳐서 개미만큼 작은 소리로 대답했어.

"일상생활에서 온실가스를 줄일 수 있는 방법이 또 하나 있소. 그건 바로 집수리요. 에너지가 많이 드는 집을 수리하는 것만으로도 많은 온실가스를 줄일 수 있소. 독일의 베를린은 이런 점을 잘 알고 실천하고 있는 도시라오.

베를린의 뮐러 부인에게서 편지가 왔소. 부인은 집수리를 하고 싶은데, 남편이

반대한다고 하니 도와 달라는 편지였소. 그래서 오늘의 미션은 집수리를 하도록 뮐러 씨를 설득하는 것이오."

비행선에서 내리니 11월인데도 베를린은 꽤 추웠어. 얼른 뮐러 부인의 집으로 들어갔는데 집도 꽤 썰렁하더라고. 뮐러 부인이 우리에게 코코아를 타 주면서 말했어.

"베를린은 북위 52도에 있어서 겨울이 길고 아주 추워서 난방을 많이 하지요. 하지만 난방을 많이 할수록 온실가스가 많이 발생되고 비용도 많이 드니까 사람들이 에너지를 아끼려고 집을 수리하기 시작했지요. 그런데 우리 집은 자린고비 남편의 반대로 집수리를 못하고 있어요."

그때 뮐러 씨가 들어와서 우리더러 누구냐고 물었지. 우리는 자초지종을 설명하고 엄마가 뮐러 씨에게 물었어.

"무슨 이유로 집수리를 반대하는 거지요?"

"집수리같이 쓸데없는 짓에 쓸 돈은 한 푼도 없어. 그냥 이대로도 살 만한데 집수리야말로 낭비야."

그때 엄마가 계산기를 꺼내들고 말했어.

"지금 이 낡은 나무 창틀로 새고 있는 에너지를 대략 한 달에 20유로(우리 돈으로 3만 원 정도)라고 치면, 2년이면 480유로의 에너지를 아끼는 셈이니 창틀과 유리창 값을 빼고도 남아요. 그리고 집이 더 따뜻해지는 것은 말할 필요도 없어요. 저 낡은 석유 보일러를 태양열 난방기나 나무 조각을 압축해 만든 연료를 쓰는 팰릿 보일러로 바꾸면 온실가스도 발생하지 않고 난방비도 확실하게 줄일 수 있어요. 이래도 집을

베를린은 지금!

환경 선진국 독일에서도 베를린은 온실가스를 적게 배출하기로 유명한 도시가 되었습니다. 뚝딱뚝딱 집을 고치고 태양열 난방기와 나무 팰릿 보일러를 사용한 덕분에 1990년보다 30퍼센트 적은 온실가스만 배출하고 있지요.

고치지 않는다면 당신은 진정한 자린고비죠."

"흥! 그럴 바에는 아예 새로 집을 짓는 것이 돈이 덜 들겠군."

엄마의 말에 뮐러 씨가 투덜거렸어.

"절대 그렇지 않아요. 오래된 집을 부수면 그 안에 있는 콘크리트를 버리고 새로운 콘크리트를 써야 하는데, 콘크리트는 기후변화의 주범이라고요. 콘크리트를 새로 만드는 데는 아주 많은 에너지가 들거든요."

"집을 고치는 것이 돈을 아끼는 길이라고 하니 고치겠소!"

뮐러 부인과 우리 가족은 신이 나서 손을 잡고 펄쩍펄쩍 뛰었어. 뮐러 부인은 집 수리가 끝나면 꼭 우리 가족을 초대하겠다고 했어.

우리는 꼭 오겠다고 약속할 수 없었어. 우리가 이번 여행에서 미션을 실패하게 되면 지구를 떠나야 하니까. 어쨌든 성공해서 뮐러 부부네 집에 다시 와서 부인이 직접 만든 수제 소시지를 먹는 그날까지 힘내야지. 아자! 아자!

지구를 사랑한다면

1. 겨울철 난방을 위해 어떤 에너지가 사용되는지 살펴보고 이 에너지가 우리 집까지 오는 경로를 알아봐요.
2. 공기를 정화할 때는 공기정화기 대신 숯과 허브 화분을 써요.

09

산성비

이집트 기자

얼굴을 잃어버린 스핑크스

미래의 스핑크스를 지켜라

"삐삐삐삐 삐삐삐삐 삐삐삐삐."

여느 때와 같이 자명종 소리에 잠에서 깨었는데 뭔가 좀 허전한 거야. 비행선은 없고 우리 가족만 덩그러니 모래밭에 누워 있는 게 아니겠어!

"꺄아아악! 리싸이쿨이 우리를 사막에 버렸나 봐!"

우리는 벌떡 일어나 주위를 둘러봤어. 그런데 저쪽으로 피라미드 모양의 건축물이 보였고 우리 옆으로 자동차를 탄 사람들이 지나갔어. 아빠가 세모 모양 돌산을 가리키자 낙타를 타고 있던 리싸이쿨이 대답했어.

"당신들이 피라미드처럼 생겼다고 하는 것은 피라미드가 맞소. 당신들은 지금 이집트에 와 있소. 정확히 말하자면 50년 후 2064년, 미래의 이집트요."

"리싸이쿨, 시간 텔레포트도 할 수 있는 거야?"

"고도의 정신 에너지가 필요하기 때문에 꼭 필요할 때만 쓰고 있소."

우리는 쿠푸 왕과 카프레 왕의 대 피라미드 앞까지 걸어갔어. 사진으로나 보았던 피라미드를 보니 정말 신기했어. 피라미드는 정말 엄청나게 크고 멋있어서 입이 쩍 벌어질 정도였어.

"맞아. 스핑크스는 어디 있어? 그것도 보고 싶은데."

"그래, 스핑크스! 스핑크스 보고 싶다!"

"바로 너희들 뒤에 있다."

리싸이쿨이 가리킨 자리엔 거대한 돌덩이가 있었어.

"우리가 바보인 줄 알아? 우리도 스핑크스가 어떻게 생긴 줄은 안다고! 얼굴은 사람이고 몸은 사자인 조각상으로 전체 길이 70미터, 높이 20미터, 넓이는 4미터나 되는 코가 깨져서 없는 조각상이잖아!"

아빠가 화가 나서 소리쳤어. 그런데 우리 아빠 맞아? 엄청 지적이잖아!

"맞소. 그 스핑크스가 지금 여기 있는 스핑크스요. 방금 말했듯이 스핑크스는 오래전 코와 수염이 깨져 있었소. 하지만 더 심하게 망가진 것은 산업 발전으로 인한 오염 물질 때문이요. 산성비로 인해 얼굴과 몸에 있던 무늬가 녹아 버려서 뭉그러지다가 결국 이렇게 되었소."

"산성비가 뭐예요?"

"산성비는 공장이나 자동차에서 연료를 태울 때 나오는 아황산가스나 질소 산화물과 같은 공기 오염 물질이 빗속에 섞여 내리는 강한 산성을 띤 비를 말하오. 스핑크스처럼 역사가 긴 문화재들은 오랜 세월 동안 약해져 있는데 산성비를 맞으면 쉽게 부서져 버리게 되어서 이렇게 형체는 사라지고 돌덩이만 남게 된 거요."

리싸이쿨의 말을 듣고 그냥 돌덩어리가 되어 버린 스핑크스를 보니 조금 안타까운 생각이 들더라고.

세계는 지금!

그리스 아테네의 파르테논 신전을 비롯해 많은 문화재의 피해가 보고되면서, 사람들은 이제 환경 문제가 문화재 보존과도 밀접한 관계가 있다는 사실, 그리고 국경을 넘는 문제라는 사실을 알게 되었습니다. 산성비 피해가 심각했던 유럽의 국가들은 문화유산을 보호하고 복원하기 위해 함께 노력하고 있습니다.

"그래서 오늘의 미션은 뭐죠?"

"오늘의 미션은 이 스핑크스 사진을 찍어 현재 사람들에게 보여 주고 산성비에 대한 경각심을 일깨우는 것이오."

"그런데 미래에 이렇게 돼 버렸는데 우리가 바꿀 수 있나?"

"미래는 현재 우리가 어떻게 노력하느냐에 따라 변할 수 있는 여지가 충분히 있소."

리싸이쿨의 말에 우리는 카메라로 스핑크스의 사진을 열심히 찍었어. 하지만 아무리 이쪽저쪽 열심히 찍어 봐도 사진에는 그냥 거대한 돌덩어리만 찍힐 뿐이었지. 우리는 현재로 돌아와 인터넷 포털사이트 '우쿠더스 피플'에 "미래의 스핑크스를 지켜 주세요."라는 제목으로 사진을 올렸어.

댓글들이 수백 개 달렸는데, 그중에는 "상상이지만 정말 끔찍하다."라며 모두 사실로 믿으려 하지 않았어. 그러면서 이제부터라도 자동차 이용 횟수를 줄이고 화석 에너지를 사용해서 만드는 옷, 학용품, 장난감 등의 공산품을 아껴 사용하겠다는 댓글을 달아 주었어.

나도 이제부터 지우개를 아껴 쓰고 옷도 매일 사 달라고 조르지 않아야겠다고 다짐했어. 스핑크스가 그냥 돌덩어리가 되기를 바라지 않아. 내가 어른이 돼서 내 아이들도 스핑크스의 온전한 모습을 보길 바라니까!

지구를 사랑한다면

1. 새것만 찾는 대신 한 번 썼던 물건을 다시 쓰고 재활용하는 습관을 길러요.
2. 낭비하거나 오염시키는 생활 습관이 다른 사람에게 피해를 줄 수 있다는 것을 생각해요.

지구온난화를 막기 위한 국제 사회의 노력

09
산성비
유엔 기후변화 협약 회의장

공적인 모든 행사에서 일회용품을 사용하지 마라

우리가 인터넷에 올린 '미래의 스핑크스를 지켜 주세요'라는 글을 보고 유엔에서 우리에게 바르샤바에서 열리는 기후변화 협약 회의에 참석해 달라는 비공식 요청이 왔어. 각국 대표들이 함께하는 저녁 식사 자리에서 우리 가족이 기후변화로 인한 우쿠더스의 멸망에 대해 연설해 달라는 거였지. 우리 가족 대표로 연설할 아빠는 벌써부터 무대 공포증에 시달리면서 원고를 외우고 있어.

기후변화 협약 회의가 뭐냐고? 날로 심각해지는 기후변화에 대비해 세계 모든 나라가 매년 한 번씩 만나 어떻게 하면 지구온난화를 막을 수 있을지 지혜를 모으는 회의야. 혹시 오존층 파괴라는 말 들어 봤어? 우리 눈에는 안 보이지만 지구를 둘러싸고 있는 오존층이 태양에서 오는 자외선을 막아 준대. 그런데 지구인들이 언제부터인가 프레온 가스와 같은 화학 물질을 너무 많이 사용하면서 이 오존층에 구멍이 뻥뻥 뚫렸다지 뭐야.

1983년에야 오존층에 구멍이 뚫린 걸 알았다네.

이대로 놔두다가는 사람들이 자외선 때문에 피부암에 걸릴 것 같아 여러 나라 정상들이 1987년 9월에 캐나다 몬트리올에 모여 오존층에 구멍을 내는 물질을 사용하지 말자고 약속했고, 산성비를 막기 위해 자동차 사용을 줄이고 공장 등에서 나오는 나쁜 오염 물질 배출을 줄이자고 한 거지.

그런데 온실가스를 줄이자는 노력에는 서로 눈치만 볼 뿐, 먼저 나서서 줄이겠다고 이야기하는 나라가 그리 많지 않대. 세계에서 온실가스를 제일 많이 배출하는 미국은 아예 탈퇴해 버렸다지 뭐야.

어쨌든 이런 나라들의 참여를 촉구하는 것이 우리의 미션이지. 그리고 또 다른 미션은 만찬에서 일회용품이 쓰이지 않도록 감시하는 일이야. 우리가 회의 개최자에게 이런 의견을 보내자 답장이 왔어.

"만찬장에서 음료수를 넣은 페트병을 일절 사용하지 않고, 냅킨은 빨아서 쓸 수 있는 유기농 면으로 된 것을 쓰고, 병은 규격화된 재활용 병을 사용하고 회의 참석자들에게 돌릴 머그컵 선물은 포장을 하지 않겠습니다."

드디어 각국 대표들이 참석하는 저녁 만찬, 아빠와 머꼬또머꼬는 턱시도를 입고 엄마와 나는 드레스를 입었어. 아빠는 이름이 호명되자 심호흡을 길게 하고 무대에 올랐어.

"여기 기후변화 협약 회의에 모이신 신사숙녀 여러분 안녕하십니까? 모두 안녕하신 것 같군요. 하지만 지구는 안녕하지 않은 것 같습니다. 그래서 우리가 여기 모인 거지요."

조금 떨리는 목소리로 연설을 시작한 아빠는 우리가 우쿠더스에서 겪은 일을 들려주고 사진을 보여 주며 우쿠더스의 멸망 원인에 대해 열심히 연설했어. 그리고 이런 말로 마무리했지.

"사실 저는 이런 연설을 할 자격이 없습니다. 우쿠더스에서 저지르던 잘못을 지구에서도 똑같이 하다가 지금 지구에서도 쫓겨날 지경에 있어요. 하지만 여러분들은 저 같은 잘못을 저지르지 말고 아름다운 지구를 끝까지 지키시기를 바랍니다.

지구는 하나뿐이니까요."

아빠의 연설이 끝나자 우리 가족과 사람들은 박수를 쳤어. 우리는 연설을 잘 마친 아빠가 자랑스러웠어. 이때 리싸이쿨이 다가왔어.

"오늘 연설은 그런 대로 괜찮았소. 하지만 일회용품이 쓰이고 있군. 고로 미션 실패로 간주하겠소."

"말도 안 돼! 오늘 만찬에서는 일회용품을 하나도 쓰지 않게 했다고요."

리싸이쿨이 가리킨 곳을 보니 사람들이 흰 종이 냅킨을 쓰고 있었어. 우리가 관계자에게 알아보니 미처 유기농 면으로 만든 냅킨을 준비하지 못했다는 거야. 이럴 수가! 이제 한 번만 더 실패한다면, 우리 가족은 영원히 지구에서 쫓겨나게 된다고. 지구에서 쫓겨날지도 모른다는 생각을 하니 눈물이 나서 우리 가족은 얼싸안고 엉엉 울었어. 우리가 울고 있자 사람들이 다가와서 응원해 줬어.

"이제라도 반성하고 미션을 열심히 수행하고 있으니 꼭 성공해서 지구에 남아요."

우쿠더스도 모자라 지구까지 망가뜨린 우리를 응원해 주다니 지구인들은 정말 친절해. 흑!

1. 물건을 살 때 환경을 덜 오염시키는 물건을 골라요.
2. 상품에 표시된 환경지킴이 표시는 무엇이 있는지 살펴봐요.

10 석유를 차지하기 위해 전쟁을 한다고?

전쟁

이라크 키르쿠크

'석유는 전쟁을 할 만큼 가치 있을까'라는 질문에 답하라

지난번 실패로 우리는 다음 목적지까지 페달을 돌릴 수밖에 없었어. 그런데 갑자기 비행선에서 이상한 소리가 들리기 시작했어.

"투둑투둑투투툭 투투투툭."

리싸이쿨은 비행선에 이상이 생긴 것 같다며 바로 비상 착륙을 하겠다고 했어. 사실 좀 무서웠지만 우린 비행선이 고쳐지지 않기를 바랐어. 그러면 리싸이쿨이 어쩔 수 없이 텔레포트로 이동할 수밖에 없지 않겠어? 하하! 창밖을 내다보니 사막이 보이는 것이 아직 중동 지방을 벗어나지 못한 것 같았어. 우리는 바람이라도 쐴까 하고 비행선 밖으로 나가려 했는데 리싸이쿨이 나가지 못하게 하는 거야.

"왜 나가면 안 되죠? 답답하단 말이에요."

"여기는 이라크요."

"이라크라면 후세인 대통령이 있던, 미국하고 전쟁했던 나라 아닌가요?"

"맞소. 전쟁은 끝났지만 아직 치안 상황이 좋지 않아 비행선 안에 머무는 것이 안전할 거요."

"그런데 전쟁은 무엇 때문에 일어난 거죠?"

"석유 때문이오. 2003년, 미국은 이라크가 가진 대량 살상 무기를 없앤다는 명목으로 이라크를 공격했지만 사실 그들의 속내는 이라크의 석유가 탐났던 거요. 이라크는 1120억 배럴의 석유 자원이 있는, 사우디아라비아에 이어 세계에서 두 번째로 석유가 많은 나라라오.

　이 전쟁은 2011년 12월 15일에 끝났지만 미국이 찾겠다는 대량 살상 무기는 끝내 발견되지 않았소. 그리고 이 기간 동안 15만 5천 명이 목숨을 잃었는데, 사망자 중 11만 명은 이라크의 무고한 민간인이었소."

　우리는 리싸이쿨의 이야기를 들으니 화가 났어. 엄마가 흥분해서 말했어.

　"친절하고 선량한 지구인들만 있는 줄 알았는데, 악마 같은 지구인들도 많군요!"

　"사실 지난번 미국 대통령 ○○는 우쿠더스 사람이었다는 소문이 있소."

　그가 우리와 같은 우쿠더스 사람이라는 소리에 우리는 고개를 숙일 수밖에 없었어.

　"석유가 그렇게 중요한가요? 사람을 죽이는 전쟁을 할 만큼이요?"

　"그 질문에 대한 답을 찾는 것이 오늘의 미션이오. 내가 비행선을 고치는 동안 답을 찾아오시오."

세계는 지금!

석유 값이 올라가면서 에너지 자원을 조금이라도 더 차지하려고 세계 모든 나라는 매우 예민하게 움직이고 있습니다. 학자들은 이러한 모습을 '에너지 민족주의'라고 부릅니다. 현대 사회에서 에너지는 없어서는 안 될 매우 중요한 자원이지만, 그 매장량은 정해져 있기 때문에 생겨난 현상입니다. 에너지 민족주의가 더 심화될 경우, 우리나라처럼 에너지 대부분을 수입해야 하는 나라는 더욱더 큰 영향을 받습니다.

미국은 대량 살상 무기를 없애겠다며 이라크를 공격했어요.

사실 이라크는 석유가 많이 나오는 나라였지요.

미군의 공격으로 수많은 민간인이 피해를 입었어요.

우리는 답을 찾으려고 석유에 대해 알아보았는데, 지금 우리가 살고 있는 세상에서 석유가 필요하지 않은 곳은 단 한 곳도 없었어. 자동차에도, 전기를 만드는 데도, 옷이나 장난감, 과자 등 생필품을 만드는 데도, 심지어 슈퍼에서 과자를 담아 주는 비닐봉지에도 석유가 쓰이고 있었고, 농사를 짓는 농기계에도 필요하니 중요할 수밖에. 그런데 그 양은 한정되어 있으니 가격은 하늘 높은 줄 모르고 오른다는 거야.

석유를 마음껏 만들 수만 있다면 무슨 걱정이야. 석유는 수억 년 전에 살던 동식물이 죽어서 오랜 세월 동안 썩고 변해서 만들어진 것이기 때문에 새로 만든다는 것은 불가능하다고 하네. 하지만 이렇게 중요하고 귀한 것이라고 해도 사람을 죽이는 전쟁을 하는 것이 옳은 일일까? 우리 가족의 만장일치 대답은 바로 이거야.

"No! 땅속에 묻힌 검은 액체보다 사람의 생명이 더 소중한 것은 당연하다고 생각해요."

리싸이쿨도 우리의 대답에 이렇게 답했어.

"미션 클리어!"

우리는 다음 목적지까지 텔레포트로 편하게 이동할 수 있었지. 야호!

1. 쓰지 않는 전등은 끄세요.
2. 불필요한 전자 제품을 사 달라고 부모님께 떼쓰지 말아요.

세계에서 가장 멋진 생태 주거 단지

10

전쟁

독일 보방
생태 마을

미션 세상에서 가장 살고 싶은 마을을 만드는 법을 알려 주어라

컴퓨터로 메일을 확인하던 머꼬또머꼬는 자랑스레 우리 가족을 불렀어. 아빠를 뺀 우리 가족은 모두 컴퓨터 주위로 모였어. 한 사람은 컴퓨터를 작동 시킬 전기를 만들기 위해 페달을 돌려야 하니까.

아빠의 기후변화 협약 회의 연설을 보고 세 통의 팬레터가 와 있었는데 두 통은 우리의 여행이 꼭 성공리에 끝나길 응원한다는 내용이 쓰여 있었지. 다른 하나는 우리에게 도움을 청하는 내용이었어.

우쿠더스 출신의 한 소녀인데 이름은 마티나로 자기 마을은 우쿠더스 사람들만 모여 사는데, 에너지를 너무 펑펑 쓰는 것이 걱정이라며 에너지를 적게 사용하는 마을로 바꿀 수 있게 도와 달라는 내용이었어. 리싸이쿨에게 이 이야기를 하자 리싸이쿨이 우리에게 질문했어.

"당신들이 생각하기에 어떤 마을이 살기 좋은 마을이오?"
"그야 차도가 넓어 차를 타고 쌩쌩 달리기 좋은 도로가 있는 마을이지."
"세일을 자주하는 대형 마트, 염색과 파마를 잘하는 미용실이 있는 마을이죠."
"예쁜 신상품이 가득 차 있는 대형 문구 백화점이 있는 마을이죠."
"맛있는 햄버거, 피자, 삼겹살집, 고기 뷔페집이 많은 마을이 최고예요!"
아빠, 엄마, 나 그리고 머꼬또머꼬의 대답이 끝나자 리싸이쿨이 말했어.
"지금 우리가 갈 곳은 당신들이 말한 그런 것은 하나도 없는 마을이오. 하지만 소녀의 바람대로 에너지를 아주 적게 사용하는 마을이지. 이곳에서 에너지를 어떻게 절약하고 살기 좋은 마을을 만들어 가는지 알아보고 소녀에게 알려 주는 것이 오늘의 미션이오."

비행선에서 내려 보니 지난번에 들렀던 독일의 프라이부르크 시 근처의 보방 마을이었어. 우리는 마을 주민 자치회를 찾아가서 마을에 대해 알고 싶다고 말했어. 그러자 알무트 부인이라는 분이 친절하게 이야기해 주셨어.

"원래 이곳은 프랑스 군이 훈련을 받던 군부대였죠. 독일이 통일되면서 프랑스 군인들은 다시 프랑스로 돌아갔어요. 그러자 이 넓은 군부대 땅을 어떻게 활용할까 고민하다가 몇몇 사람들이 이곳을 사람과 자연이 어울릴 수 있는 주택 단지로 만들자고 뜻을 모았지요. 그렇게 모인 사람들이 매일 같이 회의하고 토론하고 집을 설계하고, 건축가를 만나고, 그렇게 해서 완성된 곳이 바로 이곳 보방 생태 마을이지요."

"그러면 이곳은 어떤 식으로 에너지를 절약하나요?"

"우선 마을 안쪽으로는 차가 드나들 수 없게 해서 아이들이 마음껏 뛰어놀게 했어요. 자동차는 마을 입구에 있는 대형 주차장에 주차한 뒤에 집까지 걸어 들어와

야 해요. 시내에 나갈 때는 전차를 타면 되니까 차가 없어도 사는 데 불편함이 없고 공기도 아주 깨끗하지요. 또 에너지를 적게 쓰도록 집을 튼튼하게 지어 아무리 추운 겨울에도 하루 종일 보일러를 틀 필요가 없어요. 또 집 지붕마다 태양광 발전기를 설치해 집에 필요한 전기는 직접 만들어 사용하니 돈도 아주 절약되지요.

동식물들과 어울려 살기 위해 모든 집은 앞마당이 있고, 건물 옥상에는 식물을 심어 계절마다 정말 아름다운 꽃이 핀답니다. 그리고 또 하나, 이곳에 사는 사람들이 언제든 함께 만나서 이야기도 나누고 음식도 함께 만들어 먹을 수 있는 마을회관과 놀이터가 여러 곳에 있지요. 저는 마을 사람들의 이름을 모두 안답니다. 우리 마을 같은 곳이 아니라면 불가능하겠죠? 이런 마을을 만들 수 있는 힘은 우리들 스스로 아이디어를 모으고 실천하려고 노력한 데서 나왔어요. 당신들도 이런 마을에 살고 싶지 않나요?"

알무트 부인의 말을 들으니 대형 문구점이 없어도 이 마을에 살고 싶다는 생각이 들었어. 우리는 알무트 부인의 말을 꼼꼼히 적어 마티나에게 이메일을 보냈어. 그 우쿠더스 마을이 보방 마을처럼 변하기를 응원하면서 말이야.

'힘내, 마티나. 우리가 응원할게!'

보방 마을은 지금!

현재 5천 명이 모여 사는 보방 마을은 똑같이 생긴 집이 거의 없습니다. 뜻 맞는 사람들끼리 자기들만의 독창적인 집을 디자인했기 때문입니다. 이 마을의 자랑은 하루 한 바퀴 회전하는 헬리오트롭이라는 이름의 주택과 에너지 플러스 하우스입니다. 두 곳 모두 유명한 태양 건축가인 롤프 디쉬가 설계했습니다.

지구를 사랑한다면

1. 여행할 때 세면도구를 챙겨 가고 숙소에 있는 비누나 샴푸는 가져오지 마세요.
2. 캠핑장이나 호텔에 묵을 때에도 물과 전기를 아껴 써요.

11 축구공의 진짜 값은 얼마?

공정무역

파키스탄 시알코트

공정무역의 필요성을 알아라

"아, 축구 보고 싶다!"

아빠의 유일한 취미는 축구 경기를 보며 맥주와 치킨을 먹는 거야. 하지만 축구 경기는 고사하고 맥주와 치킨은 그림의 떡이지. 아빠가 축구 경기를 보고 싶어 하자 리싸이쿨이 말했어.

"오늘은 파키스탄으로 축구공을 만들러 갈 거요. 축구공을 만들어 번 돈을 모아 축구 경기 티켓을 사시오. 그러면 축구 경기는 자유롭게 볼 수 있도록 자유 시간을 주겠소."

"움하하하! 이제껏 미션 중에 가장 맘에 드는군. 난 잉글랜드 프리미어 리그 티켓을 사야지!"

아빠는 신 나서 어쩔 줄 몰라 했어. 축구공을 하루에 30개씩 만들겠다는 의욕에 불타올랐지. 우리가 전 세계 축구공의 70퍼센트가 만들어진다는 파키스탄의 시알코트 시에 내리자 내 또래의 한 남자아이가 다가왔어.

이름은 우마르로 나이가 열 살인데 벌써 경력 5년의 베테랑 축구공 만들기 기술자래. 믿어지지 않았지만 우리는 축구공을 만들려고 우마르의 집으로 갔어.

우리는 아직 축구공을 만들 기술이 없기 때문에 축구공에 스티커나 붙여야 했어. 그것도 기술을 배울 요량으로 공짜로 해야 했는데,

(내 이름은 우마르.)

더 놀라운 일은 축구공 하나 만들고 받는 대가가 우리 돈으로 300원이라는 거야! 우마르와 우마르 형들이 힘을 합해 하루 종일 만들어도 공 세 개를 만드는 것이 고작이래. 더 놀라운 사실은 이 공들이 2002년 한국에서는 15만 원에 팔렸다는 사실! 믿어져?

그러면 우리는 몇 개를 만들어야 축구 경기 티켓을 살 수 있냐고? 우리 가족의 티켓 가격이 대략 20만 원이라고 하면 우리가 3년 7개월 동안 일해야 프리미어 리그 경기 티켓을 한 장 살 수 있다는 거야.

이거 불공정해도 너무 불공정하다는 생각이 들지 않아? 이건 애초에 불가능한 미션이었어. 어차피 미션을 거부하면 지구에서 쫓겨날 수밖에 없는 신세인 우리는 수 년여 동안 이곳에서 축구공을 만들며 살 수밖에 없는 거지. 눈물이 마구 흘러내렸는데, 너무 서러워서인지 스티커를 붙이는 접착제 냄새가 독해서인지 잘 모르겠더라고. 흑! 흑!

몇 달 동안 우마르네 집에서 스티커를 붙이던 우리에게 우마르의 큰형 압둘이 좋은 소식을 들고 왔어. 공정무역이라는 것이 있는데, 한국처럼 파키스탄보다 잘사는 나라에서 우리가 만든 공을 제값 주고 사 간대. 그렇다고 한국에서 축구공 가격이 비싸지는 것은 아니래. 직거래를 통해 값은 그대로라는 거야. 그렇게 되면 우리가 여기서 일해야 하는 시간도 줄고, 우마르도 일하지 않고 학교에 갈 수 있게 되지.

79

우마르가 기뻐하니 우리 가족은 더 기쁘더라고. 한국에선 아이들이 일하지 않고 학교에 다니는 것이 너무나 당연한데, 이런 일로 기뻐하는 우마르를 보니 마음이 좀 아프기도 했어.

며칠 후, 리싸이쿨이 찾아와서는 우리가 미션을 성공했으니 함께 가자고 했어. 우리는 어리둥절했지. 우리는 아직 축구공 하나도 제대로 만들지 못했거든.

"몇 달 동안 이곳에서 체험한 일을 통해 공정무역의 필요성을 아는 것이 진짜 미션이었소. 다들 잘 아는 것 같으니 이쯤에서 미션을 종료하도록 하겠소."

우리는 리싸이쿨의 말에 기쁘기도 했지만, 그동안 정들었던 우마르 가족과 헤어지는 것은 서운했어.

"안녕, 우마르. 네가 앞으로도 걱정 없이 학교에 다닐 수 있도록 공정무역 스티커가 붙은 물건만 살 거야."

"고마워, 다버리나. 다음엔 미션에 모두 성공해서 일하러 오지 말고 놀러 와서 같이 놀자!"

"응, 꼭 그럴게!"

지구를 사랑한다면

1. 물건을 사거나 쓸 때는 만든 사람들의 땀과 정성을 생각해서 아껴 써요.
2. 배고픔과 가난을 이겨 내려고 애쓰는 다른 나라 친구들을 생각하며 절약하는 습관을 길러요.

모두를 행복하게 하는 착한 거래

하루 동안 공정무역 제품만 사용하라

11

공정무역

영국
런던

파키스탄에서 돌아온 다음 날 아침, 리싸이쿨은 프리미어 리그 축구를 보든지 공정무역과 함께하는 휴가를 보내든지 고르라고 말했어. 우리는 축구공만 봐도 접착제 냄새가 날 것만 같아 휴가를 택했지. 그런데 리사이쿨은 휴가를 주긴 주되 하루 종일 공정무역 제품만 사거나 먹으라고 하더군. 그게 오늘의 미션이래.

"우아!"

우리는 간만의 휴가로 들떠서 비행선에서 내렸어. 리싸이쿨에게 런던의 공정무역 제품을 파는 가게들의 지도를 받아서 공정무역 마크를 꼼꼼히 살펴보고 외웠어. 그런데 지나가다 보니 스포츠 용품 가게에 축구공이 진열된 것이 보였어.

공정무역 마크가 붙어 있는 축구공은 하나도 없더라고. 우리가 공정무역 제품을 사고 싶다고 했더니, 주인은 지금은 없지만 다음엔 꼭 공정무역 제품을 가져다 놓겠다고 약속했어. 우리는 왠지 우마르에게 도움이 된 것 같아 마음이 뿌듯했어.

다음에 우리는 공정무역 커피와 코코아를 파는 카페에 들렀어. 엄마와 아빠는 라오스산 커피를 마셨고 나와 머꼬또머꼬, 모를레옹은 코코아와 샌드위치를 먹었어. 우리가 공정무역 제품들을 살 만한 가게가 근처에 있냐고 카페 주인에게 물었더니 동남아시아에서 수입한 옷가지나 여러 가지 소지품들을 파는 가게가 있다고 알려 주었어.

가게에 찾아가 보니 손으로 직접 만든 이불보, 조각보, 방석, 옷가지에서부터 가방, 지갑, 작은 조각품들까지 정말 예쁘고 아기자기한 물건들이 많았어. 엄마와 내가 정신없이 물건들을 구경하고 있는데, 주인아주머니인 테일러 부인이 웃으며 말했어.

"여기 있는 모든 물건들은 동남아시아의 라오스나 베트남 등에서 들어오는 물건들로 현지 사람들이 하나하나 정성스럽게 손으로 만들었지요. 손수 만들기 때문에 물량은 적지만 품질이 아주 좋아요."

"알아요. 우리도 만들어 봤거든요. 그런데 현지 사람들이 받는 돈이 너무 적어서 속상했어요."

그러자 테일러 부인이 대답했어.

"맞아요. 현지 사람들에게 헐값에 물건을 사서 비싼 값에 판매하게 되면 물건을 만드는 사람에게도 사는 사람에게도 공정하지 못한 거래가 되지요. 그래서 사는 사람이 내는 돈을 생산자가 제대로 쳐서 받을 수 있도록 하는 공정무역이 생긴 거죠. 현지인들에게 직접 적당한 가격에 물건을 사서 적당한 가격에 소비자에게 파는 일을 하는 단체나 사람들이 생겨나 우리 가게 같은 가게가 있게 된 거예요."

"정말 공정무역은 좋은 일이에요. 이런 공정무역 제품을 파는 가게들 때문에 내 친구 우마르는 축구공을 만드는 대신에 학교에 다닐 수 있게 됐으니까요!"

테일러 부인은 기특하다며 나에게는 지갑을, 머꼬또머꼬에게는 양말을, 모를레옹에게는 아기용 턱받이를 선물로 주셨어. 정말정말 예뻐서 평생 간직할 거야. 공정무역은 모두를 행복하게 하는 착한 거래라고 생각해. 너희들도 내 친구 우마르를 돕고 싶다면 꼭 공정무역 마크가 붙은 축구공을 사 줬으면 해. 꼭!

1. 공정무역 제품을 파는 가게를 이용해요.
2. 내가 쓰는 물건들이 어디서 어떻게 만들어졌는지 알아봐요.

12

난민

방글라데시
다카

기후변화로 난민이 되었대요

기후 난민을 위해 500인분의 식사를 만들어라

아빠가 숨겨 놓은 초콜릿을 몰래 다 먹어 버려 머꼬또머꼬는 아침부터 혼나고 있어. 머꼬또머꼬가 안 그랬다는 것을 나는 알지만 아빠에게 사실을 말해 줄 순 없었어. 그 초콜릿들을 몰래 다 먹은 사람이 나니까. 머꼬또머꼬, 억울하겠지만 누나를 위해 참아라.

바로 그때 리싸이쿨이 급히 들어오며 말했어.

"긴급 미션이오. 바로 방글라데시로 이동하겠소."

이동하면서 방글라데시에 대해 리싸이쿨이 간단하게 설명해 주었어. 방글라데시는 인구 1억 4천만 명으로 지구상에서 인구밀도가 가장 높은 나라인데, 사이클론이나 홍수, 가뭄이 자주 발생하고 기후변화로 인한 위험이 가장 큰 나라로 1억 4천만 명 중에서 1억 명은 농촌에 살고 있다는군.

방글라데시에 도착하자 우리는 홍수로 인한 난민을 위해 500인분의 식사를 만들라는 미션을 받았어. 이번 미션에는 리싸이쿨도 함께했어. 우리는 쌀을 씻어 밥을 안치고 카레를 만들려고 채소와 고기를 썰었어. 우리 식구를 위한 5인분의 식사는 만들어 봤지만 500인분의 음식을 만드는 것은 정말로 쉽지 않았어. 땀이 뻘뻘 나서 옷이 다 젖을 정도였지.

변호사이자 환경운동가인 리즈와나 하산 씨가 우리를 도와주었는데, 아저씨 이야기를 들어 보니 방글라데시는 이런 홍수가 매해 일어난다는 거야. 정말 궁금해서 내가 물어봤어.

"방글라데시는 왜 이렇게 홍수가 자주 나는 거죠?"

"방글라데시는 국토의 3분의 2는 해수면 5미터 이하에 있어요. 그래서 사이클론이 불어오거나 비가 많이 오면 바로 국토의 4분의 1이 물에 잠기지요. 요즘은 환경오염으로 인해 히말라야의 빙하가 녹으면서 방글라데시를 비롯한 남아시아 지역에 더 많은 홍수가 나고 있어요."

"홍수가 나서 집과 일터를 잃은 이 사람들은 모두 어디로 가죠?"

채소를 썰던 엄마도 걱정스럽게 물었어.

"이재민은 모두 수도 다카로 모여들어 슬럼가를 형성하고 있지요. 그들은 대부분 하루 3000원 이하로 생활하며 어렵게 살고 있어요. 호숫가 주변에 움막들을 지어 생활하는데, 홍수가 나면 저 움막들을 또 바로 삼켜 버리겠죠."

"이재민들은 꽤 억울하겠어요. 자기들 잘못도 아닌데."

아빠가 카레를 저으면서 말했어.

"맞아요. 여기 사람들과 상관없는 경제 부유국의 산업 활동, 소비 활동으로 이들이 겪는 고통과 피해는 너무 가혹하지요. 기후 난민이 되는 세계지도를 펴 놓고 가고 싶은 나라를 선택한다고 하면, 경제 부유국은 우리의 입국을 환영하지 않을 거예요.

경제 부유국이 원치 않는 일이 발생하기 전에 그들은 기후변화 방지를 위한 노력을 매우 진실되게 해야 해요. 그렇지 않으면 기후 난민의 대이동이 가지고 올 전 세계 변화와 피해는 이루 말할 수 없을 거예요."

하산 아저씨와 음식 준비를 하며 대화를 나누는 사이 밥이 다 되었는데, 벌써부터 우리 천막 앞으로 줄이 끝도 없이 길게 늘어져 있었어. 우리가 만든 음식을 정신없이 먹는 이재민을 보니 미안한 생각이 들었어. 우리의 함부로 쓰고 버리는 생활 태도로 인해 기후 난민과 도시 빈민이 된다니!

그날 밤, 비행선에서 돌아온 나는 아빠에게 사실대로 고백하고 머꼬또머꼬에게도 사과하기로 마음먹었어. 자기가 한 잘못도 아닌데 혼나 버린 머꼬또머꼬가 얼마나 억울할까 하는 생각이 들었거든. 그런데 고백하려니 좀 떨리네. 어떡하지?

1. 일주일간 버려지는 쓰레기 양을 줄여 보세요.
2. 일주일간 버려지는 음식물 쓰레기가 얼마나 되는지 살펴봐요.
3. 지구온난화를 막기 위해 나무를 심어요.

제3세계와 희망을 나누는 올림픽

12
난민
영국 런던

 **미션** 지속 가능한 올림픽을 열 것을 요청하는 이메일을 보내라

아침에 가족들이 샤워하기 위해 머꼬또머꼬와 열심히 자전거 페달을 돌리는데, 바보 동생은 평창 동계 올림픽에서 사이클 경기가 열린다는 거야. 내 동생이지만 정말 한심해서 하계 올림픽과 동계 올림픽을 구분해 설명해 줬어.

우리가 이야기하는 것을 듣고 있던 리싸이쿨이 말했어.

"하계 올림픽이든 동계 올림픽이든 올림픽처럼 큰 경기는 사실 환경에 그리 좋은 것은 아니오. 경기장을 새로 짓고 선수들이 잘 숙소를 짓고 많은 사람들이 모이니 쓰레기도 많이 생기지. 그래서 어떤 사람들은 올림픽 종주국인 그리스에서만 올림픽을 여는 게 좋겠다고 주장하기도 하오.

그런 이유로 지난번 런던 올림픽은 여러 가지로 배울 점이 많소. 런던 사람들은 그 올림픽을 '지속 가능한 올림픽'이라고 부르고 있소."

"지속 가능한 올림픽이라고요?"

"환경오염으로 인한 온실가스를 최소화해서 지구 환경에 부담을 주지 않는 올림픽을 말하오."

"그러면 런던 사람들은 지속 가능한 올림픽을 위해 어떤 일들을 했죠?"

그러자 리싸이쿨은 빔 프로젝터를 켜고 사진을 보여 주었어.

"이곳은 거의 모든 경기가 열리는 경기장들이 모인 올림픽 공원이오. 무척 아름답지만 이곳은 원래 공장들이 문 닫은 뒤 쓰레기로 오염되었던 땅이었소. 자그마치 축구장 276개 크기에 달하는 드넓은 이 땅을 파서 묻혀 있던 쓰레기를 하나하나 꺼내 걸러 냈소. 또 최대한 자연과 비슷한 환경을 만들려고 30만 그루가 넘는 습지 식물을 새로 심어 다양한 생물이 어울릴 수 있게 했소.

또 하나 잘한 점은, 쓰레기 제로 올림픽에 도전했다는 거요. 낡은 건물을 없애면서 쓸 수 있는 것들은 모두 모아 새로운 건물 만드는 데 썼소. 낡은 건물의 90퍼센트를 다시 썼다는 사실은 정말 놀라운 일이오. 올림픽이 열리는 동안에도 쓰레기를 덜 만들어 내려고 재활용·재사용 캠페인을 벌였고 기후변화에 잘 견디도록 경기장

들을 만들었소."

"그러고 보니 올림픽도 신경 써서 개최하지 않으면 방글라데시와 같은 나라들이 피해를 볼 수 있겠네요."

"맞소. 올림픽이 진정한 세계인의 축제로 거듭나려면 먼저 환경을 생각하지 않으면 안 되오. 그래서 오늘의 미션은 런던 올림픽에서 배운 점을 평창 동계 올림픽에서도 실천할 수 있도록 평창 동계 올림픽 조직위원회에 요청하는 일이오."

평창 올림픽에 대해 알아보니까 알파인 경기장을 지을 예정인 강원도 정선군에 있는 가리왕산은 삵, 담비, 하늘다람쥐 등의 멸종 위기종이 살고 삼림 유전자 보호 구역으로 지정되어 있대. 소중한 생명을 죽이고 삼림 보호 구역도 해제하고 경기장을 지어야 하는데, 이렇게 하면서까지 올림픽을 꼭 개최해야 하는 걸까? 경기장을 다른 곳으로 옮기는 방법은 안 되는 걸까? 우리는 이런 의견을 담아 리싸이쿨이 보여 준 사진과 내용을 정리해 평창 동계 올림픽 조직위원회에 이메일을 보냈어.

대한민국에서 열리는 2018년 평창 동계 올림픽도 지속 가능한 올림픽이 되려면 올림픽 조직위원회의 의지도 필요하지만, 무엇보다 시민들도 친환경 올림픽이 되도록 끊임없이 요구하고 지켜보아야 한다고 생각해. 한 번의 올림픽 경기를 위해 소중한 이 땅의 생명과 자연이 훼손되는 일이 있어서는 절대 안 되니까 말이야.

1. 올림픽과 같은 큰 행사를 어떻게 준비하는지 잘 지켜봐요.
2. 가족과 함께 환경을 보호하는 자기 집만의 환경 올림픽을 열어 봐요.

13

사막화

중국
네이멍구

황사의 발원지, 파괴되고 있는 초원

하루 종일 물 한 양동이로 온 가족이 생활하라

"푸투투투투 푸투푸투 투투투투."

갑작스러운 돌풍에 비행선이 좌우로 마구 흔들렸어. 우리 가족은 창문으로 밖을 내다봤는데 먼지와 모래로 아무것도 보이지 않았어. 리싸이쿨은 비상 착륙을 했어.

"여기는 중국 네이멍구의 차칸노르 초원이오. 지금 부는 모래바람이 우리가 황사라고 부르는 것이오. 이제부터 네이멍구 사람들이 이 초원에서 어떤 어려움을 견디며 살아가는지 경험해 볼 거요."

우리가 밖으로 나가자 원통형의 천막이 모래바람 속에 희미하게 보였어. 모래바람을 헤치고 소년 하나가 다가와 반갑게 우리 가족을 맞아 주었어.

"반가워요. 내 이름은 아성이에요."

리싸이쿨은 우리 가족에게 일인당 1리터짜리 생수병을 하나씩 주었어.

"일주일 동안 이곳에서 지내면서 오로지 이 물로만 생활하는 것이 이번 미션이오. 그러면 일주일 후에 보겠소."

리싸이쿨이 떠난 뒤, 우리는 아성을 따라 모래바람을 헤치고 아성네 게르로 다가갔어. 여기서는 이 원통형 천막을 게르라고 한대. 게르에 도착한 우리는 간신히 눈을 뜰 수 있었는데, 온통 모래를 뒤집어써서 꼴이 말이 아니었어. 게르 안

에서는 아성의 아버지가 우리를 반갑게 맞아 주었어.

"휴, 살았다. 그런데 이렇게 모래바람이 부는 데서 어떻게 살아요?"

"예전에는 이렇게 심하지 않았어요. 그런데 10년 전부터 엄청 심해졌죠. 원래 차칸노르는 서쪽 큰 호수와 동쪽 작은 호수가 있는 곳이었어요. 지금은 서쪽 큰 호수는 완전히 말라 버렸고, 동쪽의 작은 호수만 남아 있어요. 1980년대까지만 해도 수심이 10미터도 더 되었고 내가 어릴 적 이곳에 처음 왔을 때만 해도 여름에는 풀도 잘 자랐어요. 그래서 우리 가족은 소 80마리, 양 400마리, 거기에다 개, 닭, 거위까지 키웠어요. 그런데 1998년쯤인가 가뭄이 들기 시작하더니 그 후로는 더 이상 풀이 자라지 않는 사막이 되어 버렸어요."

"와! 이곳에 큰 호수가 있었다는 게 믿어지지 않아요!"

"나조차도 믿어지지 않는다오. 그렇게 큰 호수가 완전히 말라 버려 사막이 되었다는 사실이……."

아성의 아버지 눈에는 그 옛날 큰 호수가 어른거리는 듯 촉촉한 눈물이 맺혔어.

"그냥 도시로 이사 가면 안 되나요?"

"지금도 많은 젊은이들이 목축을 포기하고 베이징과 같은 대도시로 떠나고 있어서 아쉬워요. 난 아직은 떠나고 싶지 않아요."

우리는 아성의 아버지가 준비해 준 전통 음식으로 저녁을 먹고 물 반 컵으로 조심스럽게 양치를 하고 반 컵의 물을 수건에 적셔 얼굴과 몸에

중국은 지금!

사막화는 세계 전체로 급속히 진행되고 있습니다. 사막화는 강수량보다 증발량이 많아 기후가 건조해지면서 사막이 넓어지는 현상이랍니다. 육지의 25퍼센트가 이미 사막화되어 세계 인구의 17퍼센트가 그 영향을 받고 있습니다. 중국은 전체 국토 면적의 30퍼센트가 넘게 사막화되었는데, 전체 농경지 면적을 넘어설 정도입니다. 지금도 매년 30만 헥타르씩 증가하고 있대요.

묻은 모래를 닦아 냈어. 내일 저녁까지 먹을 물을 남겨 놓아야 했기 때문에 물 한 방울이라도 흘릴까 조심스러웠어.

　이런 생활을 일주일 동안 해야 한다니 눈앞이 캄캄해졌어. 그렇게 흔한 물이 없어서 고생을 한다는 것은 상상해 본 적도 없던 일이었으니까. 거기다가 한술 더 떠서 머꼬또머꼬 녀석은 칠칠치 못하게 하루치의 물을 모두 쏟아 버리는 실수까지! 우리 가족은 머꼬또머꼬에게 물을 나눠 줄 수밖에 없었어.

　그렇게 일주일을 생활하니 집에서 물을 펑펑 썼던 때가 너무 그리워서 눈물이 날 정도였어. 특히 수세식 변기에 흘려 버렸던 물이 얼마나 아깝던지. 그 물만 있어도 이렇게 고생하지 않을 텐데 말이야. 우리가 아무 생각 없이 낭비했던 물이 이곳에서는 생명과 직결된다고 생각하니 이제 물이 절대 흔한 것으로 보이지 않을 것 같아!

지구를 사랑한다면

1. 황사가 올 때는 마스크를 써요.
2. 물 한 방울도 소중히 아껴요.
3. 숲을 보호하고 지켜요.

초원을 지키는 사람들

13

사막화

중국
네이멍구

 사막화로부터 초원을 지킬 방법을 찾아라

네이멍구 초원에서 지낸 지 일주일이 지난 어느 날, 아침에 일어나 보니 모래바람이 말끔히 그치고 푸른 하늘이 초원 위로 시원하게 펼쳐져 있었어.

"와, 멋있다! 모래바람이 불지 않으니 정말 좋다!"

"이제 황사도 그쳤으니 그동안 못했던 일을 해야지!"

이렇게 말하며 아성이 집을 나서자 우리 가족도 가만히 있을 수 없어 따라나섰어. 모래바람 때문에 게르 안에만 갇혀 지냈더니 좀이 쑤셔 죽을 지경이었거든. 아성은 돌아다니며 여기저기 널려 있는 소똥을 뒤집기 시작했어. 우리가 이유를 물었더니 아성은 잘 마른 소똥을 연료로 사용한다고 하네. 어제 우리가 먹은 양고기도 소똥으로 구운 거잖아. 소똥은 전혀 더럽지 않고 환경오염도 없다는 아성의 말을 듣고 별생각 없이 내뱉은 말이 좀 부끄러웠어. 바로 그때 리싸이쿨이 나타났어.

"지난 일주일간의 미션은 잘 마쳤소. 오늘은 새로운 미션을 주겠소."

'귀신은 뭐하나, 리싸이쿨 안 잡아가고!'

"일주일 동안 매일 생수 한 병으로 사는 것도 너무 힘들었다고요! 이제야 푸른 하늘을 봤는데 또 미션이라니!"

"초원을 지키기 위해 할 수 있는 것을 찾아내 오늘 오후 6시까지 실천하시오!"

리싸이쿨이 떠난 뒤, 우리가 멍하니 있자 아성이 말했어.

"너희 가족을 도와줄 사람을 알아. 가 보자!"

아성이 말한 사람은 이곳에서는 초원 지킴이로 통하는 풍엽 아저씨였어. 아저씨는 우리가 찾아온 이유를 듣고선 이렇게 물었어.

"초원을 지키기 위해 당신들은 어떤 일을 해야 한다고 생각합니까?"

우리 가족은 곰곰이 생각해 보다가 아빠가 대답했어.

"나무를 많이 심으면 되지요. 사막 전체에 말이에요. 그러면 사막이 없어지겠죠. 정말 간단하군. 하하하!"

"그렇게 간단하지 않아요. 아무 나무나 사막에 적응하는 것은 아닙니다. 많은 물을 필요로 하는 나무는 오히려 사막화를 촉진하기도 해요. 그래서 우리는 사막화가 되고 있는 곳에서도 잘 자라는 식물을 연구하다가 '감봉'이라는 풀을 발견했어요. 지금 한국에서 온 환경운동 단체와 자원봉사자 대학생들이 마을 사람들과 감봉 씨앗을 뿌리는 일을 하고 있는데 함께 가 봅시다."

우리는 풍엽 아저씨를 따라가서 한국에서 온 대학생 자원봉사자들과 함께 감봉 씨앗을 뿌리는 일을 했어.

"오늘 우리가 풀씨를 심었으니 이 씨앗이 자라서 초원을 지켜 주겠죠?"

내 옆에서 씨앗을 뿌리던 예쁜 대학생 언니에게 이렇게 물었더니 그 언니가 미소를 지으며 대답해 주었어.

"우리가 여기서 씨앗을 심는 것도 중요하지만, 더 중요한 것은 한국으로 돌아가 물과 에너지를 아껴 쓰며 환경을 오염시키지 않는 생활 방식으로 사는 것이 아닐까?"

옆에서 예쁜 언니를 힐끔힐끔 쳐다보던 머꼬또머꼬 녀석이 흥분해서 끼어들더니 일주일에 물을 1리터씩만 쓴다고 하더라고.

이때 갑자기 나타난 리싸이쿨은 머꼬또머꼬보고 악마같이 씩 웃으며 반드시 약속을 지키라는 거야. 머꼬또머꼬 녀석은 대답도 못하고 울상이 되었고, 나머지 우리 가족은 미션 성공에 환호했어. 야호! 드디어 일주일에 물 1리터에서 탈출이다!

네이멍구는 지금!

네이멍구 사람들은 아름다운 초원을 보호하려고 많은 애를 쓰고 있어요. 생태 보호 활동을 하며 사막화와 황사에 대한 연구도 하고, 초원 생태계를 보호할 수 있는 방법도 연구해요. 이제는 네이멍구 사람들이 쓰레기도 한 군데에만 버리고, 목축민 스스로 식물을 심기도 한대요.

지구를 사랑한다면

1. 일 년에 나무 한 그루는 꼭 심으러 가요.
2. 칫솔질이나 샤워할 때도 물을 절약해요.
3. 우리 동네에 있는 환경 단체를 찾아 자원봉사를 해 보세요.

14 전자 제품 쓰레기 지옥에서 벗어나라

쓰레기

중국 펑장

내가 버린 휴대전화 쓰레기를 다시 주워라

우리 가족이 지금 쓰고 있는 휴대전화가 좋네 마네 하고 있자 리싸이쿨이 나타났어.

"당신들 혹시 잔반 지옥이라고 아시오?"

"아니요. 그게 뭔데요?"

"살아 있을 때 자신들이 못 먹고 버린 음식을 잔반 지옥에서는 다 먹어야 하지. 당신들이 이때까지 버린 휴대전화 개수를 아시오?"

"당연히 모르지요. 그런 걸 누가 세고 있어요?"

"여기 당신들이 버린 휴대전화 개수와 모델명이 나와 있소. 막쓸레옹 씨 12개, 마구쓰나 부인 8개, 다버리나 5개, 머꼬또머꼬 3개, 모를레옹 아직 없음."

"그러면 우린 휴대전화 지옥에라도 떨어지게 된다는 건가요?"

"맞소. 지금부터 당신들이 버린 전자 제품의 지옥에 떨어지게 될 거요. 그곳에서 자신들이 버린 휴대전화 모델을 찾아 각자 버린 개수대로 도로 주워 오는 것이 오늘의 미션이오."

"으악! 말도 안 돼!"

"미션 마감은 저녁 6시까지."

우리가 내린 곳은 중국의 펭장이라는 마을이야. 시골 마을이었지만 곳곳에서 검은 연기가 피어오르며 악취가 났어. 모를레옹은 재채기하기 시작했지. 그리고 보니 마을을 둘러보는데 이곳저곳에 컴퓨터, 냉장고, 휴대전화 등등 전자 제품 쓰레기들이 산더미처럼 쌓여 있는 거야. 휴대전화는 너무 많아서 우리가 버린 것을 금방 찾을 수 없을 것 같았어.

연기가 나는 쪽으로 가 보니 사람들이 모여 전자 제품을 분해하는 일을 하고 있었어. 우리가 조심스럽게 엿보고 있는데 누군가가 다가왔어. 그는 환경운동가인 리장이라고 소개했어. 우리 가족도 소개를 하고 우리가 여기 온 이유를 말했어. 우리는 리장 씨에게 물었어.

"지금 저 사람들은 무슨 일을 하는 거죠?"

"지금 컴퓨터 본체에 붙어 있는 부품을 분리하려고 겉에 있는 납을 녹이고 있어요."

"그런데 이 마을은 왜 이렇게 전자 제품 쓰레기들이 많은 거예요?"

"지난 20년 동안 미국, 일본, 호주, 유럽, 한국 이런 나라들에서 보내 온 전자 쓰레기들이죠. 그들은 쓰레기 처리 비용을 줄이려고 중국으로 쓰레기를 수출하고 있죠. 이 마을 사람들은 쓰레기에서 나오는 부품을 분리해 팔아서 먹고살고 있어요."

"부품을 분리해 낸 나머지 쓰레기들은 어떻게 처리하나요?"

"그냥 태우기도 하고 땅에 묻기도 하지요. 그러다 보니 전자 제품에서 나오는 중금속으로 인해 물과 토양이 많이 오염되어서 이 마을에는 아픈 사람들이 많아요. 하지만 가난한 사람들이라 병원에 가지도 못하고 있어요. 거기다 이제는 땅이 오염되어 더 이상 농사도 지을 수 없게 되었지요. 그래서 어쩔 수 없이 쓰레기를 분리하는 일을 계속할 수밖에 없답니다."

"그러면 이 전자 제품 쓰레기 지옥에서 벗어날 방

세계는 지금!

전자 제품 폐기물을 줄이는 가장 근본적인 방법은 만들 때부터 폐기물을 덜 발생시키고 덜 유해한 제품을 만드는 것입니다. 이에 따라 전자 제품을 만들 때부터 제품값에 환경 비용을 포함하게 하는 제도도 시행되고 있습니다. 그리고 일정량 이상 재활용하고 그렇지 못하면 재활용 비용을 부담하게 하는 제도도 시행되고 있답니다.

법은 없는 건가요?"

"전자 제품 기업이 전자 제품 내의 유독 물질을 없애려고 노력해야 해요. 소비자들도 전자 제품 소비를 줄이려는 노력이 더해져야죠."

우리 가족은 우리가 버린 전자 제품들이 이곳 사람들을 병들게 한다는 사실에 놀랐어. 빨리 우리가 버린 휴대전화를 도로 주워 가고 싶었어. 우리가 버린 개수보다 더 많은 휴대전화를 줍고선 우리가 사는 한국으로 가져가기로 했어. 오늘 우리가 버린 휴대전화 지옥을 본 후로 다시는 최신형 휴대전화 따위는 갖고 싶지 않을 것 같았어. 최신형 전화를 가지려면 무독성 부품으로 만드는 휴대전화가 나오길 기다리는 수밖에.

지구를 사랑한다면

1. 쓰레기는 종류별로 따로 구분해서 버려요.
2. 휴대전화와 같은 전자 제품을 함부로 버리지 않아요.

내가 입던 옷 사 갈래?

 벼룩시장에서 물건을 팔아 숙제 공책을 마련하라

14

쓰레기

독일
플렌스부르크

이번 여행의 좋은 점을 굳이 하나 꼽으라고 한다면 머꼬또머꼬와 내가 학교를 안 가도 된다는 점. 어떻게 하면 우리 가족을 괴롭힐까 궁리만 하는 리싸이쿨은 우리의 담임 선생님께 연락해 매일 숙제를 메일로 보내 줄 것을 부탁했어. 그런 번거로운 부탁은 지구에서는 예의에 어긋난다는 것을 리싸이쿨은 잘 모르는 것 같아. 미션만으로도 피곤해 죽겠는데 숙제까지 해야 한다니, 정말! 수학 숙제라도 있는 날은 죽을 맛이라고! 하지만 죽으라는 법은 없지.

머꼬또머꼬가 공책이 다 떨어졌다며 숙제를 안 해도 된다는 거야. 말이 떨어지기가 무섭게 리싸이쿨이 나타나더니 벼룩시장에서 물건을 팔아 공책을 사라나? 내이럴 줄 알았어. 리싸이쿨은 우리가 편하게 쉬는 꼴은 못 본다고!

아빠는 투덜대며 아끼던 만화책, 엄마는 핑크색 호피무늬 구두, 머꼬또머꼬는 장난감 소방차, 나는 한정판 패리쓰 힐통의 사진이 박힌 지우개를 들고 비행선에서

내렸어. 우리가 내린 곳은 독일의 가장 북쪽에 있는 작은 도시인 플렌스부르크. 다른 유럽의 도시들처럼 주말마다 벼룩시장이 열린대.

우리는 벼룩시장 안에 물건을 펼쳐 놓고 손님을 기다리고 있었어. 엄마의 핑크색 호피무늬 구두가 가장 먼저 팔렸고, 아빠의 만화책과 머꼬또머꼬의 장난감 소방차까지 다 팔렸어. 하지만 내 패리쓰 힐통 지우개만 팔리지 않는 거야. 나는 속으로 너무 좋아서 그냥 가자고 했더니, 어럽쇼 다들 내 지우개가 팔릴 때까지 절대 떠나지 않겠다는 거야!

우리가 이렇게 옥신각신하는 사이에 웬 소녀 하나가 다가왔어. 나랑 동갑인 열 살짜리 소녀 마야는 우리처럼 자기 물건을 팔러 나왔대. 마야는 내 지우개가 마음에 든다며 자기 티셔츠랑 바꾸자고 했지만, 내가 필요한 건 티셔츠가 아니라 공책이야. 마야는 전혀 상심하지 않고 이렇게 말하는 거야.

"내가 오늘 물건을 판 돈으로 사면 되겠다. 헤헤."

"아하, 그러면 되네. 정말 고마워."

마야는 열 살밖에 되지 않았지만 벌써 이곳에서 장사한 지 4년이나 되었대. 여섯 살에 초등학교를 들어가게 되었을

100

때, 어릴 때 쓰던 물건을 팔러 나온 것을 시작으로 주말마다 여러 벼룩시장에서 재활용품 가게를 열었다는 거야. 처음엔 마야네 엄마가 도와주셨지만 이제는 혼자 가격도 정하고 계산도 한다는 거야. 힘들지 않느냐고 물어보니까 마야는 고개를 흔들었어.

"아니, 전혀 힘들지 않고 너무 재미있어. 또 벼룩시장은 내가 필요 없는 물건을 팔기도 하지만, 반대로 필요한 물건도 저렴하게 살 수 있어. 오늘도 내게 필요 없는 옷을 팔아 이렇게 멋진 지우개를 샀잖아!"

우리는 마야가 알려 준 대로 재활용품으로 만든 문구점을 찾아가 재활용 종이 공책을 샀어. 그리고 마야는 자기에게 필요 없다며 티셔츠와 양말을 우리에게 선물로 주었어.

"고마워, 마야. 우리도 한국에 돌아가게 되면 너처럼 벼룩시장에 꼭 참여할게!"

"응, 꼭 해 봐. 얼마나 좋은지 몰라!"

유럽은 지금!

유럽은 벼룩시장 천국입니다. 그 종류도 정말 다양합니다. 오래된 골동품을 판매하는 벼룩시장, 신발만 파는 벼룩시장, 책 벼룩시장, 어린이 장난감과 옷만 파는 어린이 벼룩시장 등 벼룩시장에서는 팔 수 없는 물건이 하나도 없습니다. 고장 난 시계, 부서진 자전거, 냄비 뚜껑, 심지어 팬티와 양말 등 다양한 물건이 거래되는 벼룩시장에 가면 유럽인들의 알뜰한 모습을 발견할 수 있습니다.

지구를 사랑한다면

1. 쓰던 물건을 버리기 전에 더 사용할 수는 없는지 필요한 곳은 없는지 한 번 더 생각해요.
2. 물건을 살 때는 세 번 더 생각하고 꼭 필요한 것만 사도록 해요.

15

생태 복원

러시아
캄차카 반도

개발에 허덕이는 천혜의 땅

캄차카 주민들이 석유 시추를 반대하는 이유를 알아보라

우리 가족이 아침으로 현미밥을 꾸역꾸역 먹고 있는데 아빠가 갑자기 소리쳤어. 아빠는 킹크랩을 먹고 싶다고 투정을 부리는 거야. 사실 우리도 매일 풀만 먹는 데 지쳤거든. 우리 가족은 한목소리로 킹크랩을 달라고 외쳤어.

갑자기 그때 거대한 폭음이 들리고 비행선이 마구 흔들리기 시작했어. 우리는 너무 놀라 모두 식탁 밑으로 들어가 숨었어. 폭발음이 멈춘 뒤 식탁 밑에서 나와 창밖을 보니 멀리 화산이 보였어. 우리가 들은 소리는 화산이 용암을 내뿜는 소리였어. 저 멀리 시뻘건 용암이 흘러내리는 것을 직접 보니 무섭기도 하고 신기하기도 했어. 이때 리싸이쿨이 나타나 설명을 시작했어.

"이곳은 러시아 극동에 위치한 캄차카 반도요. 한반도 두 배 크기에 인구가 적고 개발이 덜 되어 천혜의 자연 경관을 보존하고 있는 땅이오. 그래서 불곰은 물론 멸종 위기종인 참수리와 북태평양 참고래가 서식하고, 한국 사람들이 좋아하는 대구

를 비롯해 태평양 연어의 25퍼센트가 알을 낳는 곳이라오. 그리고 당신들이 좋아하는 캄차카 대게, 일명 킹크랩이 자라는 곳이기도 하지. 하지만 2008년도에 한국 기업이 들어와 이곳에서 석유 시추 사업을 벌이겠다고 했는데, 원주민의 95퍼센트가 반대했다고 하오."

"왜 반대하죠? 석유가 나오면 부자가 될 텐데."

"오늘의 미션은 캄차카 원주민들이 석유 시추를 반대하는 이유 세 가지를 알아 오는 것이오!"

일단 밖으로 나가니 백인이 아닌 원주민들을 많이 만날 수 있었는데, 생김새가 한국 사람이랑 비슷하더라고. 우리가 다가가 한국에서 왔다고 인사하자 반갑게 맞아 주면서도 석유를 시추하려던 한국 기업 때문인지 썩 좋은 인상은 아니었어. 우리가 그 이유를 묻자 원주민 크랩스키 씨는 자신의 집으로 안내해 친절히 이야기해 주었어.

"석유 개발을 위해 도로, 항만과 같은 기반 시설을 짓는다고 해요. 그곳에서 기름이 흘러나오면 자연에서 먹을거리를 구하는 이곳 원주민들은 힘겨워질 수 밖에 없죠."

크랩스키 씨의 말에 아빠가 맞장구쳤어.

"우리가 나이지리아에 갔을 때도 석유 개발 때문에 사람들과 자연환경이 모두 고통받고 있었어요."

"맞아요. 그래서 2008년에 석유 시추의 부당성을 알리려고 한국을 방문했어요. 마침 2007년 석유 유출이 있었던 태안 지역을 방문했는데, 원유로 까맣게 뒤덮인 바다를 보니 우리 캄

캄차카 반도는 지금!

우리나라 기업이 추진하려 했던 석유 시추 사업은 2008년에 러시아 측이 재계약을 하지 않아 사실상 사업이 중단되었다고 하는군요. 결국 우리나라 기업은 2010년 철수를 결정했고요. 우리나라 세금의 손실액은 엄청났다는 뉴스 보도도 있었어요. 그런데 참 이상하지요? 캄차카 원주민들이 예상한 대로 우리의 엄청난 세금만 손실되었으니까요.

차카 주민들도 그런 재앙을 겪을까 두려워지더군요. 만약 시추하다가 석유가 유출되기라도 하면 앞으로 연어, 대구, 킹크랩은 먹을 수 없게 되죠."

크랩스키 씨의 말에 아빠는 그 어느 때보다도 흥분해 말하셨어.

"말도 안 돼요! 원주민들이 그렇게 반대하고 또한 석유 유출의 위험이 큰데도 개발한다는 건! 당장 반대해야겠네요."

"사실 우리가 한국을 방문했을 때 거리에서 만난 시민들이 우리를 지지해 줘서 얼마나 고마웠는지 몰라요. 다행히 그 석유 시추 사업은 중단되었어요. 러시아 정부에서 한국 정부와의 계약을 파기했기 때문이지요."

"휴, 다행이다. 그러면 석유 개발 반대 이유를 세 가지로 간단히 말하자면 무엇이죠?"

"우리가 석유 개발을 반대하는 이유는 딱 세 가지예요. 원주민의 전통 생활 보호, 생태계 보호, 수산 자원 보호를 통한 식량 자원 확보지요. 하지만 이것은 이곳 원주민만을 위한 게 아니라 지구에 사는 모두를 위한 것이에요."

우리가 미션을 마치고 떠나려고 하자 크랩스키 씨는 식사라도 하고 가라며 요리를 내왔는데, 그것은 바로 킹크랩! 간만에 먹어 본 킹크랩은 입안에서 살살 녹았지. 리싸이쿨을 빼고 우리만 먹으니 킹크랩 살이 더 고소하더라고!

1. 석유가 흘러나와 자연환경이 훼손된 나라나 지방을 인터넷에서 알아보아요.
2. 가족들과 외출할 때 자가용보다는 대중교통 수단을 이용해요.

국립공원의 천국

미션 캠핑의 흔적을 남기지 마라

15

생태 복원

미국 요세미티
국립공원

 머꼬또머꼬와 나는 초록초등학교에 다니고 있어. 머꼬또머꼬는 1학년, 난 3학년이지. 초록초등학교는 모든 반이 자기 반에서 일어나는 일을 기록하는 블로그를 운영하고 있어. 오늘 우리는 오랜만에 반 블로그에 들어가 봤어. 우리가 없는 사이 무슨 재미있는 일이 있나 하고. 그런데 머꼬또머꼬가 갑자기 신경질 내며 울기 시작했어.

 "뭐야, 나만 빼놓고 우리 학교에서 캠핑 간대! 계곡에서 고기도 잡고 바비큐도 먹고 텐트에서 잠도 자고. 정말 재미있겠다! 그런데 우린 뭐야?"

 이쯤 되면 꼭 나타나는 리싸이쿨.

 "그렇게 캠핑을 하고 싶으면 이번 미션은 캠핑으로 해 주지."

 "와, 정말요?!"

 머꼬또머꼬와 난 잠시 너무 기뻤지만 금세 불안해졌어. 리싸이쿨이 우리에게 재미있는 캠핑을 시켜 줄 이유가 없잖아? 리싸이쿨은 어떻게 하면 우리를 괴롭힐까 궁리만 하니까.

 "국립공원의 천국 미국으로 가겠소. 미국은 세계에서 과소비가 가장 심한 나라이기도 하지만, 국립공원을 만들어 생태 환경 보호를 철저하게 하는 나라이기도 하오."

 리싸이쿨은 텔레포트로 우리를 미국 요세미티

105

국립공원으로 데려갔어. 요세미티는 미국 캘리포니아 동부의 산악 지대로 풍경이 우리나라와 비슷한 포근하고 아름다운 곳이더라고.

"여기 토마스 씨가 당신들과 3일 동안 캠핑과 트래킹 여행을 함께할 거요. 3일 동안 당신들이 머문 흔적을 자연에 남기지 않는 것이 이번 미션이오. 그 방법은 토마스 씨가 알려 줄 것이오."

리싸이쿨이 돌아간 뒤 주위를 둘러보니 정말 경치가 아름다웠어. 우리는 토마스 씨가 준비해 온 점심을 먹고 남은 음식을 버리려고 했지. 그런데 토마스 씨는 웬 철제 보관함에 남은 음식을 담더라고. 음식 냄새를 맡고 찾아오는 사슴과 곰이 플라스틱까지 먹어 버려 목이 막혀 죽는 일이 종종 있다는 토마스 씨의 설명에 깜짝 놀랐어. 심지어 테이블에서 떨어진 콩알만 한 음식 조각도 버려져선 안 되고, 양치한 물도 양동이에 따로 모았다가 공원을 나가서 버려야 한다는 거야. 우리는 토마스 씨 말대로 남은 음식과 쓰레기를 모두 깨끗이 치워 보관함에 넣고 야생동물이 열지 못하도록 잠가 놓았어.

다음 날 아침, 우리는 잠에서 깼지만 꼼짝도 할 수 없었어. 글쎄 커다란 회색 곰 한 마리가 우리 침낭 발치까지 다가와 킁킁대고 있지 뭐야. 우리는 정말 얼음 상태였지. 곰은 음식물 보관함을 킁킁거리더니 열리지 않자 좀 어슬렁대

다가 사라졌어. '어휴, 이래서 음식을 보관함에 넣으라고 했던 거구나!' 우리가 안도의 한숨을 쉬자 토마스 씨가 말했어.

"침착하게 잘 했어요. 회색 곰은 아주 위험하기 때문에 절대 자극하면 안 돼요."

사슴에다가 곰까지 코앞에서 보자 정말 자연 속에 들어와 있다는 것을 체감할 수 있었어.

"한국 가서 친구들한테 곰에게 잡아먹힐 뻔 했다고 하면 절대 안 믿을 거예요!"

머꼬또머꼬가 흥분하며 말하자 토마스 씨가 웃으며 말했어.

"한국의 산에서도 곰을 볼 수 있는 날이 오길 바랄게요. 그런 날이 저절로 오지는 않아요. 지역 주민, 국립공원 관리소, 학자들이 함께 노력해야 하겠지요."

흔적을 남기지 않는 캠핑은 생각보다 많은 노력이 필요했어. 하지만 깨끗하고 아름다운 요세미티의 자연을 후세에게 물려주려면 그 정도는 당연히 해야 한다는 생각이 들었어. 캠핑이 끝나고 우리는 음식물 보관함에 있던 쓰레기들을 한 조각도 빼놓지 않고 배낭에 담아 국립공원을 나왔어. 그리고 한국에 가면 친구들에게도 이런 방법을 알려 줄 거야. 이게 바로 진정한 캠핑이라고 말이야!

지구를 사랑한다면

1. 산이나 들에서 캠핑을 할 때는 쓰레기를 깨끗이 치워요.
2. 산, 강, 바다, 어디에서든 자연을 소중히 하는 마음을 가져요.

16

가라앉는 섬

투발루
푸나푸티

기후변화로 가라앉고 있어요

마리사의 집에 빗물 탱크 설치를 도와라

"누나, 일어나! 바다야 바다!"

머꼬또머꼬가 깨우지도 않았는데 웬일로 새벽부터 일어나 창밖을 바라보며 깡충깡충 뛰고 있었어. 그런데 창밖을 보니 이게 웬일이야. 에메랄드빛 바다가 그림처럼 쫙 펼쳐져 있는 거야. 난 머꼬또머꼬의 볼을 꼬집어 보았어. 우리가 죽어서 천국에 온 것이 아닌가 하고 말이야.

"악, 아파! 왜 꼬집어?"

머꼬또머꼬의 볼이 아픈 것을 보니 우리가 죽은 것 같지는 않았어. 우리는 얼른 엄마, 아빠를 깨운 다음, 여행 가방에서 수영복과 물놀이 튜브를 꺼내 미친 듯이 바람을 넣었어. 리싸이쿨이 나타나기 전에 조금이라도 놀려고 했지만, 튜브에 바람을 다 넣기도 전에 리싸이쿨이 나타났어. 나빠!

"이곳은 투발루라고 하는 남태평양의 작은 섬나라요. 기후변화로 인해 가장 어려움에 처한 나라로 50년 후면 사라질지도 모르오."

언제 바닷물이 나라를 덮칠지 모른다는 말에 놀고 싶은 마음이 싹 사라졌어. 리싸이쿨은 사람의 기분을 잡치게 하는 아주 천재적인 재능을 타고났어.

"그러면 오늘의 미션은 뭐예요?"

"이곳의 원주민 어린이 마리사의 집에 빗물 탱크를 설치하도록 돕는 것이 오늘의 미션이오."

우리는 커다란 빗물 탱크를 수레에 싣고 마리사네 집을 찾아갔어. 마리사는 지난번 태풍에 부모님을 잃고 언니, 오빠와 함께 힘겹게 살아가고 있었어. 우리는 마리사에게 빗물 탱크가 필요한 이유를 물었어.

"해수면이 올라가 해안가의 땅들이 침식되고 큰 코코넛 나무들도 뿌리째 뽑혀 나가고 있어. 땅과 나무가 자꾸 없어지니 자연히 물도 가두지 못하는 거야. 이젠 빗물 탱크에 빗물을 보관하지 않으면 마실 물도 없어. 그런데 이마저도 부족해 바닷물을 민물로 바꾼 물을 공급받아야 하는데, 그것은 돈을 내야 해."

"그렇구나. 정말 힘들겠다."

"사실 물 부족도 힘들지만 더 무서운 것은 매해 2~3월에 오는 킹 타이드야. 킹 타이드는 매우 높은 파도라는 뜻으로 이 시기에는 바닷물이 집 안까지 들어와 바닷물을 퍼내고 물에 잠긴 가재도구를 주우러 다녀야 해. 그런데 해가 갈수록 파도의 높이가 높아지고 물에 잠기는 지역이 넓어지고 있어."

마리사의 집에 빗물 탱크를 설치한 뒤 우리는 비행선으로 돌아와 마리사를 도울 일이 좀 더 없을까 생각했어.

"투발루 투발루 투발로 두발로……. 아, 좋은 생각이 났다!"

머꼬또머꼬가 갑자기 소리쳤어.

"투발로를 위해 두 발로 걷기 운동을 벌이는 거야. 어때? 좋은 생각이지?"

자동차를 타는 대신 두 발로 걸어다니자는 '두 발로 걷기 운동'은 머꼬또머꼬가 생각해 낸 것 치고는 꽤 괜찮은 생각이어서 깜짝 놀랐지. 우리는 머꼬또머꼬의 말대로 '우쿠더스 피플' 사이트에 "투발루를 위해 두 발로 걷자!"라는 제목의 글과 사진을 올렸어.

이 글을 읽고 많은 사람들이 투발루의 아픔을 함께 느끼고 온실가스 감축을 위해 노력하겠다는 댓글을 올렸어. 마리사에게 조금이라도 도움이 된 것 같아 기분이 좋았어. 마리사가 사는 아름다운 섬나라, 투발루가 영원히 사라진다고 생각하면 정말 안타까운 일이니까 말이야.

투발루는 지금!

2011년 투발루의 가장 큰 문제는 물 부족이었다고 하네요. 가뭄이 길어지면서 발생한 물 부족 현상으로 인해 투발루 정부는 2011년 10월 국가 비상사태를 선언했다고 해요. 그래서 뉴질랜드와 호주 정부는 1백만 리터의 물을 투발루에 제공했대요. 이를 계기로 국제 사회에서 가정의 노후한 빗물 탱크 교환과 해수의 담수화 시설 확충을 위해 노력을 기울이고 있답니다.

지구를 사랑한다면

1. 일상생활에서 쓰고 그냥 버리는 수돗물을 모아 화분에 주거나 걸레를 빠는 등 물을 재활용해 봐요.
2. 학급 카페에 머꼬또머꼬처럼 투발루가 처한 위기를 알리는 글을 올려 봐요.

태양전지를 쓰는 섬사람들

16
가라앉는 섬

페루
푸노

공짜 전기로 텔레비전을 보는 방법을 알아봐라

"아 텔레비전 보고 싶다! 워킹맨도 보고 싶고! 무한바보들도 보고 싶고! 축구 경기도 보고 싶어!"

우리는 벌써 6개월이 넘도록 텔레비전을 못 보고 있어. 텔레비전을 보려면 자전거 페달을 돌려 전기를 만들어야 해. 하지만 미션으로 항상 피곤한 우리 가족은 자전거 페달을 돌리느니 차라리 텔레비전 보기를 포기해 버린 거지. 그런데 리싸이쿨이 이러는 거야.

"자전거 페달을 돌리지 않고도 손쉽게 전기를 만드는 방법이 있소."

"정말요? 어떻게 하면 되죠?"

"오늘의 미션은 페루에 가서 그 방법을 배워 오는 것이오. 그러면 내일은 텔레비전을 볼 수 있을 거요."

"페루면 잉카 제국 유적지로 유명한 곳 아닌가요?"

"맞소. 페루의 푸노 시에 가면 그 방법을 찾을 수 있소."

온종일 텔레비전을 볼 수 있다는 생각에 들뜨기는 했지만, 그런 손쉬운 방법이 있을 것 같지 않았어. 리싸이쿨의 말은 항상 곧이곧대로 믿을 수가 없으니까. 푸노는 페루와 볼리비아의 국경에 있는 도시로 티티카카라는 큰 호수를 끼고 있어. 이 호수 안에 있는, 갈대로 만든 섬에 사람들이 살고 있대. 원주민 가이드인 파울로 씨가 우리를 섬까지 안내해 주었어. 섬에 도착하니 집부터 시작해 모든 것이 갈대로 만들어져 있었어. 밥도 갈대에 불을 지펴서 해 먹는데, 이런 곳에서는 전기를 사용할 것 같지도 않더라고.

　이때 파울로 씨가 집안을 구경시켜 주겠다며 갈대로 만든 집안으로 들어오라고 하는 거야. 그런데 이게 웬일이야! 집안에서 아이들이 텔레비전을 보고 있는 거야! 우리는 깜짝 놀라 어떻게 된 거냐고 파울로 씨에게 물었지. 파울로 씨는 웃으며 집 밖에 하늘을 향해 설치되어 있는 널빤지 모양 기구를 가리키며 말했어.

　"저것이 바로 태양전지판이지요. 저기 빼곡히 달린 조그만 거울이 태양 빛을 받아 전기를 만들어서 텔레비전을 볼 수 있는 거랍니다. 이곳은 일조량이 풍부하기 때문에 저 작은 판만 있으면 위험한 원자력 발전소도 이산화탄소를 내뿜는 화력 발전소도 필요 없답니다."

"그러면 태양전지판만 있으면 전기는 공짜네요?"

"그렇죠. 태양이 없어지지 않는 한 영원히 쓸 수 있는 에너지죠. 환경오염도 없으니 이보다 더 좋을 순 없는 거죠."

"와! 그러면 우리도 저 태양전지판만 있으면 힘들이지 않고 텔레비전을 볼 수 있어!"

우리 가족은 마치 잉카 제국의 황금 유물이라도 찾은 양 마음이 들떴지. 우리는 돌아오자마자 리싸이쿨에게 태양전지판을 구해 달라고 했지. 하지만 태양전지판을 텔레비전에 설치하고 나자 해는 저 버리고 말았어.

우리는 내일을 기다려야 했어. 텔레비전을 보는 것도 보는 거지만 더 궁금한 것은 과연 햇빛으로 텔레비전이 켜질 수 있을까 하는 거였지. 우리는 소풍을 기다리는 아이들처럼 들뜬 마음으로 좀처럼 잠들 수 없었어. 기다려라, 텔레비전아! 태양전기가 간다! 하하!

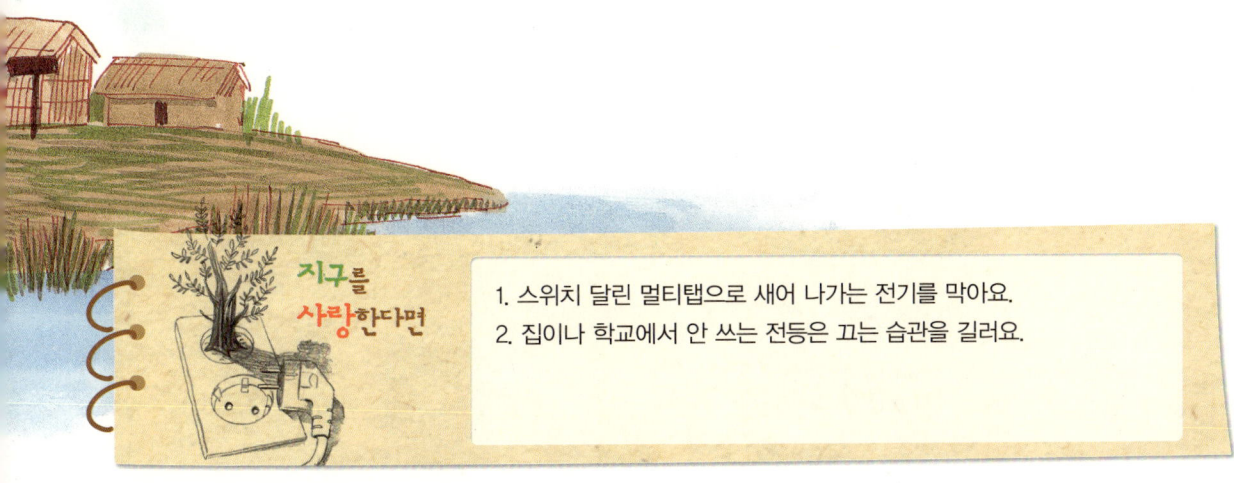

1. 스위치 달린 멀티탭으로 새어 나가는 전기를 막아요.
2. 집이나 학교에서 안 쓰는 전등은 끄는 습관을 길러요.

17 열대림이 사라지고 있어요

숲

파푸아뉴기니 고로카

 '밭에서 캐는 검은 황금' 야자유의 실체를 밝혀라

태양전지판으로 만든 전기로 텔레비전을 보던 우리 가족은 뭔가 하나 빠진 것을 발견했어.

"아이스크림 먹고 싶다!"

"아빠, 우리 언제쯤 아이스크림 먹을 수 있어요?"

"미션을 성공리에 다 마치면 먹을 수 있겠지. 그전에는 힘들 것 같은데. 휴."

우리가 실망해서 한숨을 쉬고 있는데 리싸이쿨이 커다란 카트를 밀고 들어왔어. 카트 위에는 아이스크림, 초콜릿을 비롯해 각종 과자가 잔뜩 담겨 있었어. '이게 무슨 일이지?' 하는 사이 벌써 머꼬또머꼬가 초코 아이스크림을 집어 들었어.

"와! 내가 좋아하는 거다! 잘 먹겠습니다!"

114

머꼬또머꼬가 아이스크림 뚜껑을 열려고 하자 리싸이쿨이 잽싸게 아이스크림을 빼앗아 버렸어.

"잠깐! 이것들을 먹기 전에 오늘의 미션이 있소. 이 아이스크림과 과자에 공통으로 들어 있는 성분이 무엇인지 아시오?"

당연히 모르지. 리싸이쿨은 우리 가족을 너무 과대평가하는 게 아닐까?

"바로 야자유라는 것이오. 팜유라고도 하는 야자유는 이런 과자를 비롯해 맥주, 아이스크림, 화장품의 주원료로 쓰이는 것이오. 오늘의 미션은 바로 '밭에서 캐는 검은 황금'이라 불리는 이 야자유를 생산하는 농장의 문제점을 알아 오는 것이오."

우리가 내린 곳은 지구상 마지막 개척지라고 불리는 파푸아뉴기니였어. 환경운동 단체에서 나온 라우메 씨가 이곳에 대해 이야기해 주었어. 이곳은 풍부한 열대림과 산호초는 기본이고 700여 종의 새, 200여 종의 포유류, 1500여 종의 나무, 700여 종의 다양한 식물이 서식하고 있고, 노래하는 개와 세계에서 가장 큰 나비도 사는 신기한 섬이래.

하지만 많은 산림이 파괴되고 있는데 바로 야자유 농장 때문이라고 했어. 전 세계로 수출되는 야자유는 파푸아뉴기니의 주요 수입원이래.

"요즘은 야자유로 만든 생태 연료가 석유의 대안으로 각광받고 있기 때문에 '밭에서 캐는 검은 황금'으로 불리며 열대림의 파괴를 가속화하고 있어요."

우리가 야자유 농장에 직접 가 보니 머꼬또머꼬보다 어린아이들이 학교에도 가지 않고 농장에서 야자열매를 따는 일을 하고 있었어.

"이런 대규모 농장에서 나오는 야자유는 절대 친환경 원료가 될 수 없어요. 산림 파괴는 물론이고 식물의 종 다양성을 무너뜨리고, 농장에서 쓰는 농약은 토양을 오

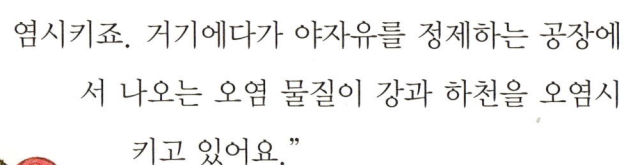

염시키죠. 거기에다가 야자유를 정제하는 공장에서 나오는 오염 물질이 강과 하천을 오염시키고 있어요."

이쯤 듣고 보니 야자유는 더 이상 '밭에서 캐는 검은 황금'이 아니라는 생각이 들었어. 리싸이쿨이 우리의 대답을 듣고 미션 성공이라며 아이스크림을 상으로 주었는데, 왠지 아까 그 야자유가 들었다고 생각하니 아이스크림 맛이 그리 달콤하게 느껴지지는 않았어.

우리가 우울한 표정으로 아이스크림을 먹고 있으니까 리싸이쿨이 종이 한 장을 내밀었는데, 그 종이에는 레시피 하나가 적혀 있었어.

'몸에도 좋고 환경에도 좋은 친환경 아이스크림 직접 만들기.'

아이스크림을 직접 만들어 먹는다는 생각은 한 번도 못해 봤는데 한번 시도해 봐야겠어. 생각보다 간단하더라고!

지구를 사랑한다면

1. 패스트푸드 먹는 횟수를 줄여 봐요.
2. 음식이든 학용품이든 꼭 필요한 만큼만 가져요.

숲으로 돌아와, 아무르 표범!

 아무르 표범이 살 숲을 위해 나무를 심어라

17

숲

러시아 연해주

　새벽에 갑자기 비행선 안에 사이렌 소리가 울려 퍼졌어. 시계를 보니 아직 여섯 시도 안 되었는데 말이야. 갑자기 텔레비전이 켜지더니 화면에 리싸이쿨이 나타났어. 난데없이 긴급 미션이라니. 프리모르스키는 또 어디야.
　우리가 내린 곳은 연해주라고도 불리는 프리모르스키 지역의 에코센터였어. 이곳을 책임지는 빅토르 소장이 우리를 맞이해 주었어.
　"지금 우리는 사냥꾼이 쏜 총에 다친 아무르 표범을 구조해 이곳으로 데려올 겁니다. 같이 갑시다!"
　"표범을 구조한다고요? 무서워요!"
　"걱정할 필요 없어요. 전문 구조대원이랑 같이 갈 테니까요."
　아무르 표범을 구조하러 가는 길에 빅토르 소장은 많은 이야기를 해 주었어. 아무르 표범은 한국 표범이라고도 불리는데, 이곳 연해주 지역은 아무르 표범이 살

고 있는 마지막 장소로 안타깝게도 고작 30마리 정도밖에 남지 않았대. 지구 전체에서 말이야. 가장 큰 원인은 가죽을 얻으려고 표범을 마구 잡았고, 표범이 사는 숲도 사라졌기 때문이래. 한국에서는 일제강점기 때 일본군이 인간에게 해로운 동물들을 없앤다며 마구잡이로 죽여서 지금은 아예 그 모습을 볼 수 없게 되어 버렸다지 뭐야.

"표범이 살 수 있는 터전인 숲을 만드는 일이 가장 시급하지요. 원래 이곳에서부터 한반도 백두대간까지는 울창한 숲으로 이어져 있어 아무르 표범의 가장 좋은 생활 터전이었지요. 그런데 사람들이 이곳에 철도를 놓고 가스 운반을 위한 파이프를 설치하면서 엄청나게 많은 나무를 베었어요. 또 농지를 만든다고 산을 갈아엎었고요. 산불까지 나서 1970년대에만 표범 서식지의 80퍼센트가 사라졌어요. 거기다가 밀렵꾼들에 의해 희생당하기도 해서 개체 수가 빠르게 줄어 거의 멸종 위기에 처해 있지요."

우리가 도착했을 때 아무르 표범은 총을 맞고 고통에 신음하고 있었어. 구조대원들은 재빨리 표범의 눈을 가리고 마취해서 차에 싣고 병원으로 데리고 갔어. 다행히 목숨은 건졌지만 다시 숲으로 돌아갈 수 있을지는 치료해 봐야 안다고 했어.

"표범을 쏜 사냥꾼은 밀렵꾼인가요?"

"아니에요. 이곳에서 멸종 보호종인 아무르 표범의 사냥은 강력한 규제를 받아요. 그냥 다른 동물을 사냥하러 나왔다가 표범을 보고 겁이 나서 쐈다고 하더군요."

"아무르 표범이 사람을 공격하기도 하나요?"

"아니에요. 아무르 표범은 사람을 겁내기 때문에 절대 먼저 공격하지 않아요. 그렇기 때문에 사람 앞에 모습을 잘 나타내지도 않지요. 표범의 습성을 조금만 알아도 이런 일이 일어나지 않았을 텐데, 정말 안타까워요."

우리는 빅토르 소장의 말을 듣고 너무 안타까워서 이렇게 물었어.

"우리가 아무르 표범을 위해 할 일이 없을까요?"

"나무를 심으세요. 우리 에코센터를 비롯한 환경운동 단체들은 2011년 4월 30일부터 나무 심기를 본격적으로 시작했어요. 2012년까지 백만 그루를 심었지요. 예전의 숲만큼 울창해지려면 아직도 멀었지만 이 숲의 주인 아무르 표범이 돌아올 그날까지 열심히 나무를 심을 거예요."

우리 가족은 아무르 표범이 살 숲을 위해 스무 그루의 나무를 심었어. 그리고 사냥꾼의 총에 다친 아무르 표범이 깨끗이 나아서 다시 이 울창한 숲으로 돌아오기를 기도했어. 아무르 표범아, 힘내!

1. 우리 마을 뒷산에는 어떤 야생동물, 야생식물이 사는지 알아봐요.
2. 우리 주변의 동물과 식물이 평화롭게 살기 위해서는 어떻게 해야 될지 생각해 봐요.

쓰레기 더미에서 사는 사람들

18

빈곤

필리핀 마닐라

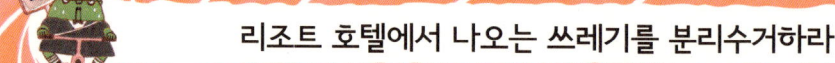

리조트 호텔에서 나오는 쓰레기를 분리수거하라

아침에 일어나 창밖을 내다보니 야자수와 화려한 호텔이 보였어. 그런데 자세히 보니 우리 가족이 지난번 휴가 때 왔던 호텔인 거야.

"엄마, 여기 필리핀 맞죠? 지난여름에 우리 이리로 휴가 왔었잖아요!"

"정말이네! 이 호텔에는 웬일이지?"

이때 리싸이쿨이 우리에게 웬 옷을 내밀면서 갈아입으라고 했어. 그건 바로 호텔 직원 복장이었어.

"호텔에서 나오는 쓰레기를 분리수거하는 작업이 오늘의 미션이오."

우리는 옷을 갈아입고 호텔 뒤쪽의 쓰레기 모으는 곳으로 갔어. 우리가 이곳에 묵을 때는 몰랐는데, 호텔방마다 나오는 쓰레기양은 생각보다 어마어마했어. 그렇게 하루 종일 분리 작업을 한 뒤 재활용할 수 있는 것을 빼고 쓰레기장으로 보낼 쓰레기를 추렸어.

쓰레기차가 떠나고 좀 쉬려는데 머꼬또머꼬 녀석이 없어진 거야. 분명히 졸다가 쓰레기차에 딸려 갔을 거야. 우리는 삼륜차를 빌려 타고 열심히 쓰레기차를 뒤쫓아

갔어. 그런데 마닐
라를 서서히 빠져나가
바닷가 쪽으로 가는 동안 쓰레기 더미 위에
얼기설기 지은 판잣집들이 보이고 고약한 냄새
가 진동하기 시작했어.

마을로 가까이 가면 갈수록 악취가 심해져 코를
꽉 틀어쥐고 숨을 참았어. 마침 동네
사람들이 모여 회의를 하고 있어서 이
곳에 대해 좀 물어보기로 했어.

"여기는 도시인들이 버리는 쓰레기가 모이는
곳이에요. 이곳 사람들은 가난해서 쓰레기에서
고철 등을 주워 생활비를 벌고 있어요. 쓰레기
에서 나오는 온갖 유해 물질 때문에 병에 걸렸
지만 가난 때문에 어쩔 수 없이 이런 생활을 계
속해야 하죠.

거기다가 올해는 기후변화 때문에 환경 재난
이 더 많아졌어요. 해마다 몇 번씩 태풍이 몰려
오니 얼기설기 지은 집은 금세 무너지기 일쑤
죠. 사실 가난은 여기 사람들 탓만이 아니에요.

필리핀은 지금!

필리핀의 도시 빈민은 500만 명 정도로 국민의 60퍼센트가 빈곤층이래요. 섬이 많아 필리핀 사람들은 어부가 많았어요. 최근에는 우리나라를 비롯해 다른 나라 사람들이 몰려와 대규모 고기잡이를 하는 바람에, 정작 필리핀의 어부들은 고기를 더 이상 잡을 수가 없답니다. 이렇게 일자리를 잃은 어부들이 도시 빈민이 되고 있는 것이지요.

잘사는 사람들이 더 욕심을 내고 더 많이 쓸수록 가난한 사람들은 더 가난해지고 더 오염된 환경에서 살 수밖에 없어요."

바로 그때 발밑에 작년에 우리가 필리핀에 왔을 때 갔던 화려한 쇼핑몰의 노란 비닐봉지가 뒹구는 것이 보였어. 마치 우리가 버린 것처럼 얼굴이 새빨개지고 식은 땀이 흘렀어. 우리가 당황하자 로스 아주머니라는 분이 웃으며 말했어.

"오늘 이렇게 모인 것도 마을 사람들이 공동으로 생계를 유지하면서 환경을 개선할 수 있는 사업을 구상하기 위해서예요. 그리고 사람들은 이번 선거에서 환경이나 경제적인 평등을 생각하는 정치인을 뽑자고 생각을 모았어요."

우리가 로스 아주머니의 이야기를 듣고 있는데, 아주머니 뒤쪽으로 낯익은 사람이 걸어오는 거야. 바로 리싸이쿨! 등에 웬 사내아이 하나를 업고 있는 거야.

"머꼬또머꼬!"

우리는 쓰레기 마을의 악취에 정신이 혼미해져서 머꼬또머꼬를 찾으러 왔다는 사실을 잊어버리고 있었어. 하지만 머꼬또머꼬는 리싸이쿨의 등에서 잠만 쿨쿨 잘 자더라고. 정말 못 말리는 녀석이야. 리싸이쿨은 우리의 무신경이 기후변화와 환경 재난을 일으켜 다른 사람들이 고통받고 있다며 일장 연설을 했어. 우리는 아무 말 못했지. 리싸이쿨의 말이 가슴에 와서 콕콕 박혀 아팠거든. 거기다가 우리 대신 머꼬또머꼬도 찾아 준 것을 보니 그렇게 나쁜 사람은 아닌 것 같더라고.

1. 여행할 때는 그 지역의 사람들과 그들의 생활 방식을 존중해 주세요.
2. 여행할 때는 그 지역의 재래시장에서 장을 봐요.

나무를 심는 사람들

18
빈곤
케냐 메루

마을 야산에 나무를 심어라

"으아악!"

나는 비명을 지르면서 꿈에서 깨어났어. 꿈속에서 쓰레기의 바다에 허우적거리다가 죽는 줄 알았거든. 내 소리를 듣고 가족들도 모두 놀라 일어났어. 머꼬또머꼬만 빼고 말이야.

"다버리나, 괜찮니? 이 식은땀 좀 봐!"

엄마가 걱정하며 내 이마를 닦아 주는데 리싸이쿨이 들어왔어.

"어제 미션이 힘들었나 보군. 오늘은 아주 쉬운 미션을 주겠소. 지난번 러시아에서 했던 것처럼 나무를 심는 일이오. 일인당 열 그루만 심으면 되오."

"흥, 나무 심기가 무슨 껌 씹는 일처럼 쉬운 줄 알아요? 열 그루를 심으려면 구덩이를 열 개나 파야 한다고요!"

나무를 심는 법

일단 삽으로 구덩이를 판다.

묘목을 구덩이에 세우고 2/3 정도 흙을 채운다.

마지막으로 물을 충분히 뿌려 주면, 끝!

우리가 오늘 나무를 심을 곳은 바로 아프리카 케냐의 키쿠유 부족이 사는 마을이야. 비행선에서 내려다보니 모래바람이 너무 심하게 불어 걸을 수도 없을 지경이었어. 숲이 부족해 생기는 사막화 현상 때문이래.

마침 키쿠유 부족 사람들이 마을 야산에서 나무를 심고 있었어. 우리는 미션 수행을 위해 각각 열 그루씩 배정받았어. 열심히 묘목 열 그루를 심어 놓으니 기분이 좋더라고. 나무를 같이 심다가 친해진 파니가 우리를 집으로 초대해 주었어.

놀라운 사실은 초등학교 2학년인 파니가 물을 길러 왕복 네 시간을 걷는다는 거야. 그런데도 친절한 파니의 엄마는 우리에게 샤워를 하라는 거야. 우리는 눈물이 나게 고마웠지만 정중하게 사양했어. 먹을 물도 모자라는 곳에서 샤워라니 말도 안 되지. 그런데 갑자기 후두둑 소리가 들려서 밖을 내다보니 비가 내리는 거야. 파니가 팔짝팔짝 뛰면서 큰 소리로 외쳤어.

"와 비가 온다! 비가 와! 우리가 심은 나무들이 잘 자라겠어! 다 막쓸레옹 가족 덕분이야. 우리 마을에는 반가운 손님이 오면 비가 내린다는 이야기가 있거든."

조금 얼떨떨하긴 했지만 어쨌든 물이 정말 소중한 곳에 비가 내리니 우리도 무척 기뻤어.

"그런데 파니야, 이렇게 나무를 심는 것이 물이 부족한 것에 무슨 도움이 되니?"

"처음 나무 심기를 제안한 사람은 환경부 장관을 지내셨고 2004년 노벨평화상 수상자이기도 한 왕가리 마타이 여사야. 기후변화로 인해 대지는 말라 가고 그러다 보니 산과 들이 사막으로 변해 갔고 물 부족 현상도 심해졌어.

그런데 나무를 심으면 바람이 불어도 모래 먼지가 날리지

않고 비가 오면 나무가 빗물을 머금어 사막화가 더뎌져. 또 나무는 비를 머금어서 산사태를 방지하고 야생동식물의 서식처가 되기도 하고, 우리에겐 시원한 그늘이 되어 주고, 깨끗한 공기를 만들어 주기도 하니까, 얼마나 소중하고 고마운 존재인지 몰라."

"와, 파니, 너 완전히 나무 박사구나! 대단해!"

"뭘, 이 정도 가지고. 우리 동네에서 이 정도는 상식이야. 호호호."

나무가 없으면 모래바람만 부는 황무지예요.

나무가 자라 숲이 생기면 동물들도 늘어나지요.

수도도 없이 빗물을 받아 세수하고 전기도 없이 호롱불에서 공부하는 파니와 친구들에게 불편하지 않느냐고 물었더니 활짝 웃으며 이렇게 대답했어.

"하쿠나 마타타!"

케냐 사람들이 쓰는 스와힐리 어로 '문제없어'라는 뜻이래.

지구를 사랑한다면

1. 집에서도 작은 식물을 길러 봐요.
2. 광고 우편물은 고객 센터로 전화 걸어서 보내지 말라고 말해요.

19

에너지

일본
후쿠시마

원자력 발전소가 지구를 병들게 만들어요

 후쿠시마 소년 노리의 잃어버린 강아지를 찾아 줘라

"이곳은 일본의 후쿠시마요."
아침에 일어나니 리싸이쿨이 청천벽력 같은 소리를 했어.
"후쿠시마? 원전 사고로 방사능에 오염된 곳 아니에요? 우리가 아무리 무식해도 그 정도는 안다고요!"
"맞소. 무척 위험하오. 원전 주변 20킬로미터까지는 출입 금지 구역이오. 이곳은 그 인근 지역인 미나미소마라는 곳이오. 오늘 이곳에 온 이유는 우리에게 도움을 청한 의뢰인을 만나기 위해서요."
우리가 비행선에서 내리니 한 일본 남자아이가 우리를 기다리고 있었어.
"안녕하세요. 난 노리라고 해요. 난 얼마 전까지 이 후쿠시마에 살다가 원전 사고 때문에 도쿄로 이사했어요. 급히 떠나는 바람에 잃어버린 강아지 시로를 찾고 싶어요."
"어머, 안되었구나. 우리가 꼭 같이 찾아 줄게."
우리 가족은 작은 소형차를 빌려 시로의 사진을 들고 이곳저곳 둘러보았어. 많이 복구되었다고는 하지만, 출입 금지가 된 쪽을 바라보면 그날의 끔찍했던 사건의 잔해가 아직도 그대로 펼쳐져 있었어. 노리가 그날의 이야기를 들려주었어.
"어느 날 갑자기 하늘이 무너질 것 같은 소리가 들리더니 교실에 있는 시계가 떨어지고 책꽂이가 넘어가고 여기저기서 비명 소리가 들렸어. 엄마, 아빠가 나를 학교에서 데리고 나왔

지. 집이 많이 망가졌기 때문에 우리는
마을 회관에 가서 자야 했어. 그런데 갑자기 하얀 옷을 입은 의사 선생님이 와서 신기한 기계로 내 몸을 훑더니 그냥 괜찮다고 했어.

며칠 동안 뉴스에서는 원자력 발전소가 저절로 멈췄지만 아무런 문제가 없다고 했어. 그런데 갑자기 엄마 아빠가 도쿄로 이사를 가야겠다고 하시는 거야. 그렇게 이사를 하는 동안 시로를 잃어버렸어. 친구들도 뿔뿔이 흩어져 이사를 가 버려서 모두 보고 싶어. 원전 사고만 없었어도 이런 일은 없었을 텐데."

이야기하는 동안 노리의 눈에 눈물이 가득 고였어. 우리는 노리의 어깨를 두드리며 말했어.

"힘내! 시로를 빨리 찾아야지!"

그렇게 말하는 사이 머꼬또머꼬가 창밖을 보며 소리쳤어.

"어, 강아지다! 그런데 하얀색이 아니고 회색이야."

우리가 내려서 쫓아가 보니 강아지는 먼지를 뒤집어쓴 흰색 스피츠였어. 노리가 시로의 이름을 부르며 다가가자 약간 경계심을 보이더니 이내 다가왔어. 그리고 노리의 목소리를 알아듣고는 꼬리를 흔들며 빙글빙

일본은 지금!

후쿠시마 원자력 발전소 사고는 2011년 3월에 일어났지만 아직까지도 방사성 물질 때문에 제대로 복구를 못하고 있어요. 후쿠시마 하늘과 땅, 바다는 방사능으로 뒤덮여 있대요. 후쿠시마에서 나는 채소와 우유는 방사능 때문에 먹을 수 없게 되었고, 바다에서 잡힌 물고기 또한 기준치가 넘는 방사능이 나오고 있어요.

글 돌았어. 시로가 맞았던 거야! 우리는 노리와 시로를 비행선에 태우고 도쿄까지 데려다주었어. 시로를 찾아서 얼마나 다행인지 몰라.

"그러면 너희 식구는 언제 후쿠시마로 다시 돌아올 수 있는 거야?"

"내가 아마 서른 살이 되어도 돌아오지 못할 거래. 어쩌면 영원히……. 1986년 러시아 체르노빌에서도 원자력 발전소 사고가 있었는데, 지금도 그곳에는 들어갈 수 없대."

노리의 말을 듣고 있으니 원자력 발전소라는 곳이 정말 무섭다는 생각이 들었어. 그리고 지구의 여기저기에서 원자력 발전소들이 시한폭탄처럼 돌아가고 있다고 생각하니 소름이 돋을 정도야. 원자력 발전소야말로 지구를 떠나야 할 존재들인 것 같아.

1. 조명은 형광등보다 수명도 길고 전력 소모가 적은 엘이디 조명을 써요.
2. 절전 제품 마크나 유기 농산물 표시와 같은 환경 표시를 알아 둬요.

햇볕으로 밥을 짓는다고?

태양열 조리기로 카레를 만들어라

19

에너지

인도
구자라트

"아이고, 아이고."

잠결에 누가 앓는 소리가 나서 일어나 보니 이불을 푹 뒤집어쓴 아빠 얼굴에 식은땀이 가득했어.

"아빠, 어디 아프세요?"

아빠는 어제 후쿠시마에서 오랜만에 운전을 많이 해서 그런지 몸살이 났다고 했어. 나와 머꼬또머꼬는 리싸이쿨에게 가서 아빠가 아프다고 말했어. 아빠가 아픈 것은 걱정이지만 내심 우리는 오늘 미션은 쉴 수 있겠다는 기대에 부풀었지. 하지만 리싸이쿨은 마치 감정이라고는 없는 로봇처럼 말했어.

"오늘 미션은 아빠 몫까지 너희가 해야겠구나. 여기는 인도의 구자라트 주의 무니세바 아쉬람 마을인데, 오늘의 미션은 여기 사시는 노인분들에게 카레를 만들어 드리는 것이란다."

리싸이쿨은 커다란 솥 그리고 각종 야채와 쌀 등 음식 재료들이 가득 든 손수레를 우리에게 태연하게 보여 주었어. 엄마는 아빠를 간호해야 했기 때문에 머꼬또머꼬와 난 단 둘이서만 커다란 솥과 음식 재료를 가지고 비행선에서 내렸어.

비행선이 떠나고 나니까 음식을 조리할 가스

버너가 없다는 사실을 깨달았어. 이럴 수가! 우리는 어떻게 할까 고민하다가 나무를 주워 불을 피워 보기로 했어. 그런데 나무에 불을 붙이기가 쉽지 않았어. 연기도 많이 나서 계속 콜록거리며 눈물을 흘리고 있는데, 디팍이라는 인도 소년이 다가와 무슨 일이냐고 했어. 그랬더니 웬 텔레비전 안테나처럼 생긴 것을 가리키며 씩 웃었어.

"불 피울 필요 없어. 저 태양열 조리 기구만 있으면 만사 오케이라고!"

"저게 뭐야?"

"태양열 조리기. 돋보기의 원리를 이용해 햇빛을 한 곳으로 모으면 종이를 바로 태울 수 있을 정도로 엄청 뜨거워지지."

"우아, 정말 신기하다!"

인도에는 전기를 이용하지 못하는 사람이 4억 명이나 된대. 더구나 시골은 무척 가난해서 전기는 물론 가스나 석유를 구하기도 어렵대. 하지만 이 태양열 조리기만 있으면 전기나 가스, 석유 없이도 아무런 걱정 없이 요리할 수 있대.

놀랍지? 하지만 더 놀라운 점은 온실가스를 단 1그램도 만들지 않는대. 밥 한 번 지으려면 몇 시간 동안 나무를 줍고 불을 피워야 했는데, 이제는 그런 번거로운 일은 안 해도 돼. 게다가

인도는 지금!

인도 정부는 에너지 빈곤 문제를 풀려고 전 세계 최초로 '신재생에너지부'를 만들었어요. 앞으로 십 년 동안 태양광 발전기를 만들어 지금보다 수천 배 넘는 전기를 생산하고, 시골 마을에는 2천만 개 이상의 태양 에너지 가로등을 설치한다고 해요. 한 예로 인도 비자니바리팔리 마을은 26개의 태양열 조리기로 마을 전체에 필요한 요리를 전부 한다고 해요. 세계에서 이름난 이 마을 별명은 '연기 없는 마을'이에요.

나무나 소똥으로 음식을 요리하면 몸에 해로운 일산화탄소가 가득 든 연기가 나오는데, 태양열 조리기는 이런 연기도 내뿜지 않지.

디팍이 카레 양념은 자기한테 맡겨 달라고 해서 우리는 재료를 썰어 솥에 넣고 물을 부은 다음 태양열 조리기에 올려놓았어. 얼마 뒤 카레가 끓기 시작했어. 정말 무슨 마법의 조리 기구를 보는 것 같았어.

카레가 완성되자 우리는 동네의 몸이 불편한 노인들에게 카레를 직접 가져다 드렸어. 노인분들이 아주 맛있게 드시는 모습을 보니 얼마나 뿌듯했는지 몰라.

몸살이 난 아빠 생각에 미션이 끝나면 먹으려고 남겨 둔 카레를 가지고 비행선으로 돌아왔어. 아빠는 우리가 만든 카레를 드시더니 눈이 동그래지시며 정말 맛있다고 하셨어. 우리는 아빠보고 빨리 나으시라고 말했지. 우리끼리 미션을 수행하는 것은 정말 힘들거든.

지구를 사랑한다면

1. 자연을 이용한 에너지에는 무엇이 있는지 친구들과 함께 알아봐요.
2. 우리 고장에서 태양 에너지를 이용하는 집들을 표시한 지도를 만들어요.

20 대한민국 서해안이 흘린 검은 눈물

환경 재난

한국 태안반도

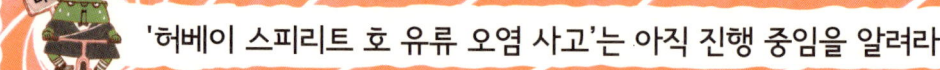
미션 '허베이 스피리트 호 유류 오염 사고'는 아직 진행 중임을 알려라

아침에 일어나 창밖을 보니 익숙한 풍경이 눈앞에 펼쳐져 있었어. 그것은 바로 우리가 환경 미션 여행을 떠나기 전 여름에 놀러 갔었던 천리포 해수욕장이었어. 바로 한국에 돌아온 거야! 우리 다섯 식구는 정말 기뻐서 막내 모를레옹을 안고 깡충깡충 뛰었어. 이때 들리는 리싸이쿨의 건조한 목소리.

"기뻐하긴 이르오. 오늘은 단지 미션 수행을 위해 잠깐 들렀을 뿐. 오늘 것을 포함해 미션은 여섯 개가 남았소. 이 미션을 모두 완수해야 집으로 돌아갈 수 있다는 사실을 잊지 마시오. 이제 한 번이라도 실패하면 어떻게 되는지 본인들이 더 잘 알 것이오."

기쁜 마음도 잠시. 한 번이라도 더 실패하면 한국은 물론 지구에서도 추방될 수 있다는 생각에 갑자기 머리털이 쭈뼛 서고 심장이 오그라드는 느낌이 들었어.

한국이다!

"잘 알다시피 태안반도는 2007년 12월 7일 중국의 유조선과 한국 기업의 예인선이 충돌한 사고로 원유 1만 900톤이 유출되어 해안선 167킬로미터에 걸쳐 막대한 피해를 입었소. 6년이 지난 지금 많은 사람들의 기억 속에서 이 사건이 잊히고 있는데, 이 사건을 잊는다면 이런 사건은 또 재발될 것이오. 마을을 둘러보면서 주민들이 아직까지 어떤 고통을 받고 있는

지 알아보고, 그 실상을 다룬 글을 '우쿠더스 피플'에 올리는 것이 오늘의 미션이오."

우리는 비행선에서 내려 태안반도를 살펴보았어. 당시 수많은 주민과 해경, 자원봉사자 187만 명이 해변에 있는 돌을 하나씩 닦고 퍼내고 죽어 가는 새들을 살리려고 노력했다고 했어. 하지만 그 상처는 아직 사라지지 않고 남아 있는 듯했어.

마을에서 만난 영수 할머니는 조개를 캐서 생활하셨는데 지금은 그만두셨대. 너무 힘들어서 마을을 떠난 사람도 많고. 단 한 번의 사고였지만 여기 사는 생물 종류는 5분의 1로 줄어들었대. 눈에 보이는 피해뿐만 아니라 주민들은 마음도 크게 다쳤다고 해. 평생 살아온 고향에서 자녀들과 오손도손 살고 싶었던 꿈을 잃어버렸거든.

이 사건을 일으킨 한국의 모기업은 56억 원이라는 아주 적은 배상액만 지불하고선 지역 발전을 위해 내기로 한 돈도 지불하지 않는다는 거야. 마침 이곳에 들러 조사 중인 한 환경운동가의 이야기를 들어 봤어.

"얼마 전 2010년 '미국 멕시코 만 원유 유출 사건'을 일으킨 정유 회사 BP가 벌금만 45억 달러(우리 돈으로 약 5조 원)를 내기로 합의했다는 소식이 들렸지요. 그 외에도 BP는 원유 유출 피해를 수습하는 데 총 230억 달러가량을 썼고, 피해를 입은 기업과 개인에게 지불해야 할 보상액

대한민국은 지금!

해마다 한국 바다를 오염시키는 기름의 양은 서울에서 부산까지 자동차로 18,200번도 넘게 왔다 갔다 할 수 있는 양이었습니다. 2007년 허베이 스피리트 호 유류 오염 사고는 한국에서 일어난 사고 중 가장 큰 규모였고, 자동차로 지구를 448바퀴나 돌 수 있는 양의 기름이 바다로 쏟아졌다고 합니다.

도 수십 억 달러라고 해요. '허베이 스피리트 호 유류 오염 사고'에서 우리나라 기업이 고작 벌금으로 56억 원만 낸 것과 비교되는 일이지요.

이런 사건에 벌금은 아주 중요한 의미입니다. 벌금은 주민들의 피해와 환경을 복구하는 데 쓰이기도 하지만, 이런 일이 또다시 일어나지 않도록 기업들도 조심하게 하지요."

우리가 주민들의 이야기와 여러 사람들의 이야기를 들어본 결과 '허베이 스피리트 호 유류 오염 사고'는 아직 끝나지 않았다는 거야. 우리가 관심을 기울이지 않는다면 앞으로 또 이런 사건이 일어나지 않으리란 보장이 없다고 생각했어.

우리는 이런 사실들을 '우쿠더스 피플'에 자세히 올렸지. 그러자 많은 사람들이 이렇게 말했어.

"허베이 스피리트 호 유류 오염 사고는 아직도 진행 중이라는 사실을 잊지 말자!"

1. 한 번의 사고로 수많은 사람과 동식물들이 피해를 입은 사고에는 무엇이 있는지 살펴봐요.
2. 환경 재난을 예방하려면 어떠한 지혜가 필요할지 알아보아요.

중금속 오염 땅을 환경 교육의 장으로 만들다

20
환경 재난

일본 미나마타

일일 환경 안내원이 되어라

지난 미션을 위해 태안반도에 다녀온 우리는 갑자기 향수병이 생겼는지 한국이 더 그리워졌어. 어떻게 하면 태안반도 원유 유출 사건과 같은 일들이 더 이상 생기지 않을까 하는 걱정도 생겼어.

"일본에 이런 환경 재난을 계기로 환경 도시로 거듭나고 있는 곳이 있소."

리싸이쿨의 말이 떨어지기가 무섭게 우리는 단 1초도 걸리지 않고 일본으로 갈 수 있었어.

"이곳은 미나마타라는 도시로 '미나마타병'이라는 공해병, 그러니까 수은 중독으로 생긴 병 때문에 유명해진 곳이오. 1956년의 일로 공식적인 집계로 죽은 사람이 2천 2백 명이 넘고, 실제로는 1만 명이 넘었다고 하오. 50년이 지났지만 아직까지도 질병과 싸우는 사람들이 많소. 하지만 그 사건을 계기로 지금은 환경 도시로 더 유명해진 곳이오. 오늘의 미션은 여기 있는 가네코 씨가 설명해 줄 거요."

가네코 씨는 일본에서 환경운동을 하시는 분인데 친절한 미소로 우리를 반겨 주었어.

"병이 생기던 무서운 도시가 어떻게 유명한 환경 도시가 될 수 있었죠?"

"미나마타 시는 바다의 수은을 제거하는 과정에서 개발된 뛰어난 환경 기술을 산업화하는 데 성공했어요. 그 기술로 우선 환자들에 대한 피해 보상을 실시하고,

다음으로 환자와 시민들이 공존할 수 있는 길을 모색했어요. 마지막으로 가장 훌륭한 환경 도시를 만드는 일을 단계적으로 추진하고 있어요."

"우리가 수행해야 할 미션은 뭐예요?"

"우리는 '환경 안내원' 제도를 만들어 우리가 겪은 이 모든 일들을 이곳을 찾는 전 세계 사람들에게 알려 주고 있습니다. 일종의 환경 관광 상품이라고 할까요? 막쓸레옹 가족 여러분은 오늘 일일 환경 안내원이 될 거예요."

우리가 찾아간 곳은 미나마타병 환자들이 함께 생활하고 있다는 홋토 하우스란 곳이었어. 환자들이 함께 어울리고 일하면서 생활할 수 있는 곳이래. 병에 걸리거나 장애를 얻은 사람들이 가장 원하는 것은 다른 사람들처럼 "일하며 살고 싶다."라는 것이래.

그곳에서는 빵을 만들어 팔기도 하고, 지역 학생들을 위한 서예 교실도 열고 있었어. 여기에서 가장 중요한 일은 전 세계 각지에서 찾아오는 방문객을 맞이하고 자신들이 경험한 환경에 대해 들려주는 거야. 바로 환경 안내원 역할을 하는 거지. 우리의 교육을 맡은 나가모토 씨는 환자이면서도 아주 밝은 모습이었어.

"우리 주민들은 사고를 통해 환경 문제가 얼

일본은 지금!

일본은 지난 해 후쿠시마 원전 사고로 또다시 큰 환경 재난 지역이 되었습니다. 환경 재난 중에는 이번 원전 사고처럼 인간들이 결심을 하면 막을 수 있는 것들도 많이 있습니다. 이번 사고로 일본은 대부분의 원자력 발전소를 멈추기로 했어요. 좀 더 안전하고 깨끗한 에너지를 쓰는 것이 중요하다는 것을 끔찍한 사고를 통해 알게 되었기 때문입니다.

마나 심각한 것인지 몸소 깨달았지요.

그래서 어느 도시보다도 친환경적인 생활을 하고 있어요. 하지만 환경 재난은 예방이 최선입니다. 한번 사고가 나면 피해가 정말 끔찍하고 오래 가거든요. 우리는 아직도 질병과 싸우고 있고 기나긴 소송에 힘들었죠.

그러니까 인간의 욕심 때문에 환경 재난이 생기거나 커지지 않도록 기업이나 정부, 시민들 모두 노력해야 해요. 인간과 자연이 지구에서 함께 행복하게 공존할 수 있는지 늘 생각하며 생활하는 것이 무엇보다도 중요하죠."

우리 가족은 나가모토 씨의 이야기를 열심히 듣고 기록했어. 그리고 홋토 하우스를 찾아온 사람들에게 미나마타 시의 이야기를 들려주었어. 그리고 한국에 다시 돌아가면 이 이야기를 한국 사람들에게 꼭 들려주어야겠다고 생각했어.

일일 환경 안내원의 생각치고는 너무 멋지지 않아? 하하!

지구를 사랑한다면

1. 절망을 희망으로 바꾼 사례를 찾아봐요.
2. 우리 마을의 자연 환경 좋은 곳을 잘 가꾸기 위해 해야 할 일을 살펴봐요.

21 멀쩡한 강을 아프게 만드는 사람들

강
한국
낙동강

서식지와 엄마를 잃은 수달 3형제를 구하라

미션을 마치고 비행선으로 돌아와 좀 쉬려는데 리싸이쿨이 다급하게 말했어.
"우리는 지금 급히 한국으로 갈 거요. 긴급 미션이 주어질 거요."
"긴급 미션이요?"
"지금 낙동강변에서 엄마를 잃은 수달 3형제가 발견됐소. 오늘의 미션은 이 수달 3형제를 구조하고 엄마 대신 잘 돌보는 일이오."

우리가 도착한 곳은 낙동강변의 병산서원 앞 모래사장이었는데 포클레인이 준설 공사를 하고 있었어. 우리는 야생동물 전문가와 함께 급히 수달 3형제가 발견된 곳으로 갔어. 공사장 구석에서 건강 상태가 좋지 않아 보이는 수달 3형제를 만날 수 있었는데 탈진해서 도망칠 기력도 없는 아기들이었어.

우리는 급히 아기 수달들을 야생동물 보호센터로 옮겼어. 그리고 아기 수달들이 치료를 받는 동안 야생동물 전문가에게 엄마 수달이 어디로 갔는지를 비롯해 이런저런 궁금한 점을 물어보았어.

"아까 보셨듯이 4대강 공사로 강변의 모래사장이 없어지고 강바닥을 파헤치는 공사를 하다 보니 여러 가지 문제가 있었겠지요. 그러는 와중에 새끼들과 헤어졌을 수도 있고요."

"수달은 천연기념물 아닌가요? 이렇게 귀한 수달이 사는 곳을 저렇게 파헤쳐도 되나요?"

"4대강 사업은 강을 깨끗하게 만들겠다는

좋은 생각을 가지고 시작했지만, 안타깝게도 그 방식은 많은 문제점을 안고 있었어요.

모든 일을 시작하기 전에는 이 일로 어떤 문제점이 일어날지 제대로 살펴보는 조사를 먼저 해야 하는데, 우리나라에서 가장 긴 낙동강

을 고치자고 하면서도 이런 조사를 대충했어요. 그러니 당연히 문제가 생기죠. 수달을 비롯해 강과 함께 살아왔던 단양쑥부쟁이, 표범장지뱀과 같은 12종의 보호 동식물이 멸종될 위기에 처해 있어요."

"어휴, 그렇게나 많이요?"

우리가 안타까워하자 옆에서 듣고 계시던 물 전문 박사님이 말씀하셨어.

"문제는 그뿐만이 아닙니다. 홍수를 막는다며 16개의 보를 세웠습니다. 여름철 홍수가 날 때 이 보에 물을 가두어 피해를 예방하겠다고 했는데, 이 보 때문에 수질이 계속 나빠질 것입니다. 올 여름 낙동강의 녹조가 그 어느 때보다 심했던 것은 절대 우연이 아닙니다. 옛말에 '물을 가두면 썩는다.'라고 했어요. 이것은 상식이죠. 홍수 때 이 보에 저장할 수 있는 양보다 더 많은 비가 내리면 그 피해는 더욱 심각해질 것입니다."

"그러면 강을 살리겠다고 시작한 공사가 오히려 강을 죽이고 있는 거나 마찬가지네요?"

"그러니 안타까운 일이지요."

우리는 걱정스러운 마음으로 아기 수달들을 바라보았어. 아기 수달들은 다행히 링거를 맞고 평온하게 잠들어 있었어.

"아빠, 이 아기 수달들이 다 나아도 앞으로 돌아갈 곳이 없으면 어떡해요?"

낙동강은 지금!

2009년 11월부터 시작한 4대강 사업은 처음부터 많은 문제점을 안고 있었어요. 100년 넘게 끄떡없이 자리를 지키고 있던 '호국의 다리'가 4대강 공사 도중 무너져 내리기도 했지요.

"글쎄다. 더 이상 강을 아프게 하는 공사를 하지 않으면 좋으련만……."

인간 때문에 수달이 고생이네.

우리는 수달 아기들이 깨어나면 먹을 음식을 준비했어. 미꾸라지를 갈아 이유식을 만들었지. 다행히 잠에서 깨어난 아기 수달들은 왕성한 식욕으로 우리가 준비한 이유식을 깨끗이 먹어 치웠어. 우리는 아기 수달들과 좀 놀아 준 뒤 저녁 이유식을 준비한 다음, 아기 수달들이 잠든 모습을 보고 야생동물 보호소를 떠났어.

비행선에 돌아와서도 야생동물 전문가가 했던 말이 귓전에 맴돌아서 잠들 수 없었어.

"만약 이런 잘못된 공사를 멈추지 않는다면 이 아기 수달들은 우리가 병산서원 앞 모래사장에서 본 마지막 야생 수달이 될지도 모릅니다."

지구를 사랑한다면

1. 나라에서 하는 환경 정책에 대해 관심을 갖고 친구들과 함께 토론해요.
2. 경기도 안산의 시화호는 어떻게 만들어졌는지 조사해 봐요.

곧은 물길을 다시 구불구불하게 만들자!

4대강 공사의 해법을 독일 이자르 강에서 찾아라

21

강

독일
이자르 강

우리는 안동에서 돌아온 후에도 아기 수달들이 걱정되어 야생동물 보호센터에 전화를 했어. 아기 수달들은 밥도 잘 먹고 무럭무럭 잘 자라고 있다는 소식을 들었어. 그래도 난 아기 수달들이 자연으로 돌아갈 일이 걱정되었어.

"리싸이쿨, 아기 수달들을 위해 4대강 공사의 해법을 찾을 순 없을까요?"

"4대강 공사의 해법을 찾을 만한 곳으로 이동할 테니, 그곳에서 해법을 찾아 오면 42번째 미션은 성공한 것으로 간주하겠소."

"네, 좋아요."

그동안 환경 미션은 마지못해 수행했지만, 이번 미션만큼은 내가 자청한 만큼 의욕이 불끈 솟아올랐어.

"지금 우리가 온 곳은 독일의 이자르 강이오. 뮌헨 시내를 가로지르는 강으로 길이가 300킬로미터에 이르는 긴 강이오. 이곳에서 꼭 해법을 찾기를 바라오. 그러면 오후 6시에 봅시다."

리싸이쿨이 떠난 뒤 이자르 강을 쳐다보니 평범해도 그렇게 평범한 강이 없는 거야. 우리는 직접 뮌헨 시민들에게 이자르 강의 이야기를 들어 보기로 했어. 강변을 산책하던 노부부가 친절하게 이자르 강의 오랜 역사에 대해 들려주었어.

이자르 강이 변화해 온 모습

"이자르 강 일대는 오랜 옛날부터 홍수가 자주 났지요. 옛날 사람들은 자연스럽게 강변에는 거주하지 않으면서 홍수를 피해 왔습니다. 하지만 1900년대 초 산업화되면서 도시로 모여든 사람들은 땅값이 싼 이자르 강 주위에 모여 살았지요. 그러면서 구불구불한 강을 곧게 만들어 깊고 좁은 통로에 가두는 공사를 벌여서 홍수 피해도 막고 수력 발전소에서 전기도 얻으려고 했답니다. 그런데 강을 곧은 일 자로 만들고 나니 문제가 하나둘 나타난 거예요.

옛날에는 구불구불한 물길을 따라 강물이 이리저리 돌아가며 부딪쳐서 물 흐르는 속도가 줄어들었는데, 곧게 뻗은 강은 폭이 좁고 양 벽이 단단한 통로로 막혀 물 흐르는 속도가 더 빨라지고 강바닥도 점점 더 깊게 패여 버렸지요. 홍수를 막으려고 했는데 오히려 더 큰 홍수 피해가 나타났지 뭐예요.

그뿐만이 아니라 시간이 지날수록 물은 자꾸 땅속 깊이 내려가서 어느 날부터 강 주변에 있는 숲이 말라 죽고 우물을 파기 힘들어서 농사도 지을 수 없는 지경에 이르게 됐지요. 사람들의 피해가 이 정도인데 말 못하는 동식물은 얼마나 더 심한 고통을 받았을까요?"

"맞아요. 한국에서도 아기 수달 등 많은 동식

유럽은 지금!

유럽 연합은 모든 강, 호수, 바다를 '자연에 가장 가까운, 건강한 상태'로 되돌리려고 노력하고 있는데, 2015년까지 이 목표를 지키지 않으면 각 나라는 엄청난 벌금을 내야만 해요. 더 큰 피해를 입기 전에 모두가 힘을 모아 강을 원래 상태로 돌려놓자는 뜻을 담은 운동이에요.

물들이 고통받고 있어요. 그러면 어떻게 하면 좋지요?"

"이 모든 문제를 풀기 위해 우리는 다시 공사를 시작했어요. 백 년 전 상태로 되돌리는 공사였지요. 보와 댐, 수로를 허물고 다시 예전처럼 강을 구불구불 흐르게 만들었지요. 하지만 완전히 되돌릴 수는 없었지요. 백 년 전에는 1킬로미터가 넘었던 강폭이 지금은 겨우 150미터밖에 되지 않죠."

노부부의 이야기를 듣고 나니 우리 가족은 쉽게 4대강의 해법을 찾을 수 있었어. 우리가 찾은 해법은 '강은 본연의 구불구불한 모습 그대로 남겨져야 한다는 것'이야. 사람들은 자연을 인간에게 유리하게 바꿀 수 있다고 믿고 있지만, 어쩌면 그런 일은 더 큰 불행을 가져올 수도 있어. 그리고 수달이 살 수 없는 강은 결국 인간도 살 수 없는 강이 될 수도 있다는 점을 절대 잊지 말아야 해.

지구를 사랑한다면

1. 비누나 샴푸는 조금만 써요.
2. 쓰고 남거나 안 먹는 약은 함부로 버리지 않아요.

22 다버리나와 머꼬또머꼬, 학교로 돌아오다!

교육

한국
초록초등학교

 초록초등학교의 이름에 걸맞은 친환경 학교를 만들어라

우리가 환경 미션 여행을 떠난 지 거의 일 년이 다 되어 가고 이제 단 두 개의 미션만 남겨 두고 있어. 이 미션만 성공리에 마치면 우리는 지구에 남을 수 있게 되지. 우리는 떨리는 마음으로 오늘은 어디일까 하고 생각하면서 창밖을 내다보았어.

창밖으로 보이는 것은 분명 머꼬또머꼬와 내가 다니는 학교, 초록초등학교 건물이었어. 이게 꿈이야? 생시야? 우리는 너무 기뻐서 밖으로 뛰어나갔어. 친구들도 비행선을 보고 호기심에 다가왔다가 우리가 나오자 깜짝 놀랐어. 리싸이쿨이 따라 나와서 우리와 친구들을 보며 이렇게 말했어.

"오늘의 미션은 이 초록초등학교라는 이름에 걸맞은 친환경 학교를 만드는 것이오. 그러면 나는 이만."

리싸이쿨이 들어가고 나자 친구들이 탄성을 지르며 부러워했어.

"우아, 끝내준다! 너희 진짜 첩보원이야?"

"다버리나야, 너희 가족 〈미션 임파서블〉에 나오는 첩보원 같아. 멋있다!"

모르는 소리 말라고. 우리 가족이 얼마나 고생했는지 모르고 하는 소리지. 어쨌든 나는 친구들에게 말했어.

"너희들도 도와줄 거지? 우리 이번 미션에 실패하면 지구를 영원히 떠나야 한다고."

"걱정 마! 우리가 도와줄게!"

교장선생님과 다른 선생님들도 도와주시기로 했어. 우리 가족은 매의 눈을 하고 초록초등학교의 환경 문제점을 찾기 시작했어. 그동안의 여행으로 제법 환경 박사가 된 우리 가족 눈에는 초록초등학교의 문제점이 마구 보이기 시작했어.

가장 먼저 발견한 것은 학교에 식물이 너무 적다는 거야. 이러면 학교가 너무 삭막해 아이들이 자연을 느낄 수 없어. 둘째로 쓰레기 분리수거가 잘 되고 있지 않았어. 분리수거함이 있지만 그 안은 뒤죽박죽이었어. 플라스틱과 종이 쓰레기가 뒤섞여 있는가 하면 더 쓸 수 있는 이면지도 그냥 버려져 있었어. 셋째로 빈 교실에 많은 형광등이 켜져 있어 에너지가 심하게 낭비되고 있었어.

우리가 이런 문제점을 제기하자 교장선생님은 아이들과 함께 학교 주변에 화단을 더 만들고 나무와 식물을 많이 심겠다고 하셨어. 분리수거 문제는 선생님과 아이들 모두 더 노력해 완벽하게 하고 물자를 아끼겠다고 했어. 또 빈 교실의 형광등이 켜 있는 것은 서로가 에너지 지킴이 대원이 되어져 잘 살펴보기로 약속해 주었어.

대한민국은 지금!

대한민국 학부모들의 교육열은 세계적으로 유명해요. 하지만 이 때문에 오히려 학교 교육의 문제가 지적되기도 합니다. 최근에는 1등을 키워 내는 학교가 아니라 나뿐만 아니라 이웃과 미래 세대, 자연 환경까지도 생각하는 학교를 만드는 여러 노력이 펼쳐지고 있습니다. 정부에서는 에너지 정책 학교, 지속 가능한 학교 등 다양한 이름의 학교 프로젝트를 진행하고 있고, '학교 숲 만들기' 운동을 벌이는 환경운동 단체도 있답니다.

우리 담임 선생님은 내가 환경 박사가 다 되었다며 칭찬해 주셨어. 우리가 웃고 떠드는 사이 리싸이쿨이 다가와서 친구들과 선생님에게 말했어.

"여러분, 막쓸레옹 가족은 지난 일 년여 동안 미션을 수행하기 위해 지구촌 곳곳을 돌아다녔습니다. 그 이유는 뭘까요? 우리가 아무 생각 없이 한 행동이 지구촌 반대편에 심각한 피해를 줄 수 있다는 것을 알기 위해서였지요. 오늘 여러분이 한 약속은 막쓸레옹 가족을 도와주기 위한 일이 아니라 바로 여러분 자신을 위한 일이라는 것을 잊지 마십시오."

우리는 친구들과 작별 인사를 하고 마지막 미션 수행을 위해 비행선에 올랐어. 친구들은 우리 가족이 마지막 미션을 꼭 성공리에 마칠 수 있을 거라며 응원해 주었어. 다정한 나의 친구들과 선생님이 있는 이곳으로 꼭 다시 돌아오고 싶어! 흑!

한 달 뒤

지구를 사랑한다면

1. 우리 학교에는 얼마나 다양한 동식물이 사는지 살펴봐요.
2. 교실에서 일주일 동안 에너지를 얼마나 사용하는지 조사해요.
3. 혼자서는 어렵지만 학교에서 반 친구들과 함께 실천할 수 있는 일을 찾아봐요.

코펜하겐 숲 유치원

교육

덴마크
코펜하겐

숲에서 휴식을 취하라

마지막 미션만을 남겨 둔 우리는 그 어느 때보다도 긴장하고 있었어. 그도 그럴 것이 이제껏 고생해 미션을 힘들게 완수해 왔는데, 마지막에 실패해 버리면 우리는 지구를 영영 떠나야 하거든. 아빠는 너무 긴장해서 목이 결리고, 엄마는 두통으로 머리가 지끈거리고, 나는 온몸이 으슬으슬 떨리고, 머꼬또머꼬는 배가 무지하게 고프다고 했어. 이때 리싸이쿨이 비장한 표정으로 들어왔어.

"드디어 마지막 미션 하나만을 남겨 두고 있소. 오늘 미션을 수행할 곳은 덴마크의 코펜하겐이오. 비행선에서 내리면 당신들의 마지막 미션을 알려 줄 사람이 기다리고 있을 거요. 마지막까지 행운을 빌겠소."

비행선에서 내리자 숲이 펼쳐져 있고 한 여자분이 우리를 기다리고 있었어.

"반가워요. 저는 리네라고 해요. 이 글라젝센 숲에서 숲 해설가로 일하고 있지요. 자, 그러면 이 숲에 어떤 식물들이 자라고 있는지 소개해 드릴까요? 이건 영국떡갈나무라고 불리는 덴마크가 고향인 나무예요. 이건 스코틀랜드소나무고요. 이건 코펜하겐의 자랑, 야생 난초고요. 이것은 덴마크라임나무인데 꿀 맛이 기가 막히지요."

"아니, 리네 씨는 어떻게 많은 식물들의 이름을 다 외우죠?"

"저는 사실 어렸을 때 이 숲에 있는 '숲 유치원'을 다녔거든요."

"숲 유치원이라고요?"

"말 그대로 숲속에서 생활하는 유치원이에요. 우리 유치원은 정해진 교실 없이 오전에 숲 입구에서 선생님과 친구들을 만나 함께 숲속을 거닐면서 계절의 변화를 몸소 깨닫습니다. 자연 속에서 배우는 음악, 미술, 다양한 놀이를 통해 건강한 방법으로 아이들의 신체와 운동 기능을 발달시키고, 인지력과 상상력과 독립성을 높여 주지요."

"한국에도 이런 유치원이 있으면 좋겠네요. 우리 모를레옹을 보내면 좋을 것 같아요."

"이 숲 유치원은 덴마크의 엄마, 아빠들의 노력으로 만들어졌어요. 마구쓰나 부인도 한국에 돌아가셔서 뜻이 맞는 부모님들과 숲 유치원을 만들어 보는 것은 어떨까요?"

엄마와 리네 씨가 대화를 나누는 사이 아빠가 끼어들었어.

"우리는 마지막 미션을 수행해야 해요. 빨리 우리의 미션을 알려 주세요."

아빠가 말하자 리네 씨가 미소 지으며 대답

덴마크는 지금!

덴마크에서는 1960년대부터 엄마 아빠의 노력으로 숲 유치원이 만들어지기 시작했어요. 아이들이 자연과 친구가 되어 놀 수 있게 한 것이죠. 숲 유치원에서 어린이들은 직접 숲 속을 거닐면서 계절이 바뀌는 모습을 느낍니다. 또 미술과 음악, 여러 가지 놀이도 함께하지요. 이와 같은 숲 유치원은 덴마크에만 60개 이상 있고, 독일, 프랑스 등 유럽의 많은 나라로 퍼져 가고 있어요.

했어.

"그동안 전 지구를 돌며 미션을 수행하느라 많이 지쳤을 거예요. 오늘은 숲에서 조용히 휴식을 취해 보세요. 숲에서의 온전한 휴식이 오늘 막쓸레옹 가족의 미션이랍니다. 그러니 휴식이 안 되었다면 미션 실패라고 해야겠지요? 호호호."

갑자기 아빠가 막 울기 시작했고 엄마도 나도 머꼬또머꼬도 모두 끌어안고 기쁨의 눈물을 흘렸어. 그동안 지구에서 쫓겨날 수도 있다는 생각에 너무 힘들고 걱정도 많았었거든. 이제 집으로 돌아갈 수 있다는 생각에 모두가 기뻐했어. 그렇게 한참 눈물을 흘린 뒤, 눈을 들어 둘러보니 아름다운 숲이 우리를 포근히 감싸 주고 위로해 주는 느낌이었어. 그동안 나쁜 생활 습관으로 이런 소중한 자연을 괴롭히고 살아왔다는 사실이 부끄러웠어. 집에 돌아가더라도 이 소중한 느낌을 꼭 잊지 말고 간직해야겠어.

지구를 사랑한다면

1. 내가 아는 꽃과 나무가 얼마나 되는지 공책에 적어 봐요.
2. 자연을 아끼고 보살피면 우리에게 어떤 이익이 있는지 살펴봐요.

에필로그

안녕, 내 친구 마리오!

　몇 년 만에 편지를 보내는 거라 조금 민망하네. 내 이름은 다버리나. 5년 전에 마리오 네가 학생회장 선거에 나갈 때 도와줬는데, 기억하지? 혹시라도 기억하지 못한다고 하면, 우앙! 나 울어 버릴지도 몰라. 제발 기억한다고 말해 줘! 만약 기억하지 못한다면, 내 동생 머꼬또머꼬가 나를 비웃을 거야.

　우리 가족은 5년 전에 마흔네 가지 환경 미션 수행을 위한 세계 일주를 마치고선 다시 지구거주허가서를 받을 수 있었어. 지구 곳곳에서 만난 여러 친구들이 도와준 결과지. 물론 네 도움이 정말 컸단다. 세계 일주에서 돌아온 뒤에 나도 우리 집과 학교에서 어떻게 하면 친환경적으로 살 수 있을까 고민하면서 실천했어. 그리고 나도 마리오처럼 친환경 후보로 학생회장 선거에 나가서……, 짜잔! 학생회장에 당선되었단다. 마리오의 선거 운동을 도우면서 배웠던 것을 그대로 실천했던 결과지. 후훗!

　하지만 머꼬또머꼬와 아빠는 여전히 철딱서니 없게도 우리가 세계 일주를 하면서 실천하고 다짐했던 것을 가끔씩 까먹곤 했어. 아빠는 이젠 막내 모를레옹도 다 컸다며 기름 왕창 먹는 7인승 자동차를 여전히 타고 다니고, 밤마다 몰래 수입 과일 주스를 마시더라고. 머꼬또머꼬는 여전히 많이 먹어 치우고 먹는 만큼 음식물 쓰레기를 많이 버리기도 해.

　그 덕분에 며칠 전에는 리싸이쿨 아저씨가 우리 가족에게 경고장을 들고 왔어. 한 번만 더 지구 환경을 해치는 행동을 하면 다시 또 지구거주허가가 취소된다고. 우리 가족은 또 마음을 졸이며 벌벌 떨어야 했지.

   그러니까 내가 마리오에게 이렇게 편지를 쓰게 된 이유는 말이야. 우리 가족은 그 벌로 앞으로 4년에 한 번씩 환경 미션을 수행하는 세계 일주를 떠나야 하기 때문이야. 그렇지 않으면 바로 지구를 떠나야 한다고 하더라고.

   곧 세계 일주를 떠날 예정인데, 이번 여행 기간에 마리오 너를 또 만나게 될 것 같아. 히힛! 리싸이쿨이 미리 나누어 준 미션 리스트를 보니 청소년 환경 운동가가 된 마리오를 만나 유엔 기후변화 협약 회의에서 함께 연설하는 게 있더라고. 마리오 너를 다시 만나게 되어서 정말 기뻐.

   자, 그럼 편지는 여기서 이만 줄일게. 만나서 그동안 못했던 이야기도 나누고 연설 준비도 함께하자! 그리고 우리 아빠와 머꼬또머꼬 좀 혼내 줘. 내 말은 도무지 듣지 않거든.

2019년 1월 20일
네 친구 다버리나가

막살레옹 가족의 지구 생존 세대 일주

지구사용설명서 2

초판 1쇄 펴낸날 2014년 1월 13일 | **초판 10쇄 펴낸날** 2022년 11월 15일
기획 환경교육센터 | **글** 장미정 김춘이 염광희 | **그림 및 스토리텔링** 김지민
편집장 한해숙 | **편집** 신경아 | **디자인** 최성수 이이환
마케팅 박영준 한지훈 | **홍보** 정보영 박소현 | **경영지원** 김효순

펴낸이 조은희 | **펴낸곳** ㈜한솔수북 | **출판등록** 제2013-000276호
주소 121-896 서울시 마포구 월드컵로 96 영훈빌딩 5층
전화 02-2001-5822(편집) 02-2001-5828(영업) | **전송** 02-2060-0108 | **전자우편** isoobook@eduhansol.co.kr
블로그 blog.naver.com/hsoobook | **인스타그램** soobook2 | **페이스북** soobook2
ISBN 979-11-85494-01-2 74810 | 세트 ISBN 979-11-85494-03-6 74530

ⓒ 2014 장미정, 김춘이, 염광희, 김지민

어린이제품안전특별법에 의한 제품 표시
품명 도서 | 사용연령 만 8세 이상 | 제조국 대한민국 | 제조자명 ㈜한솔수북 | 제조년월 2022년 11월

- 저작권법으로 보호받는 저작물이므로 저작권자의 서면 동의 없이 다른 곳에 옮겨 싣거나 베껴 쓸 수 없으며 전산장치에 저장할 수 없습니다.
- 값은 뒤표지에 있습니다.

 한솔수북의 모든 책은 아이의 눈, 엄마의 마음으로 만듭니다.